本书由安徽口子酒业股份有限公司赞助出版

策　划：陈　超　王　鹏

序　言：贺云翱　高大伦　钱耀鹏

撰　稿：陈　超

摄　影：周　民　张　冰

闻 酒 识 兼 香

——濉溪长丰街酒坊群遗址出土文物精粹

安徽省文物考古研究所　编著

陈　超　著

文物出版社

图书在版编目(CIP)数据

闻酒识兼香:濉溪长丰街酒坊群遗址出土文物精粹 /
安徽省文物考古研究所编著;陈超著. -- 北京:文物
出版社, 2024.11. -- ISBN 978-7-5010-8602-3

Ⅰ. K878

中国国家版本馆CIP数据核字第2024JV2305号

闻酒识兼香——濉溪长丰街酒坊群遗址出土文物精粹

编　　著:安徽省文物考古研究所
著　　者:陈　超

装帧设计:秦　彧
责任编辑:秦　彧
摄　　影:周　民　张　冰
责任印制:王　芳

出版发行:文物出版社
社　　址:北京市东城区东直门内北小街 2 号楼
邮　　编:100007
网　　址:http://www.wenwu.com
邮　　箱:wenwu1957@126.com
经　　销:新华书店
印　　刷:北京荣宝艺品印刷有限公司
开　　本:889mm×1194mm　1/16
印　　张:16
版　　次:2024 年 11 月第 1 版
印　　次:2024 年 11 月第 1 次印刷
书　　号:ISBN 978-7-5010-8602-3
定　　价:320.00 元

序（一）

淮河流域作为中国南北气候过渡带，水美田丰，素有生产美酒的地缘优势和技术传统。有学者写过文章，认为中国存在一条"淮河名酒带"。在这条名酒带上，安徽淮北市的古代"口子镇"（今称濉溪）无疑是其中的佼佼者，这里生产的口子窖酒，素有"隔壁千家醉，开坛十里香""名驰冀北三千里，味占江南第一佳"的美誉。

最近几年，安徽省文物考古研究所为配合城市建设而在濉溪县老城内开展考古发掘工作。濉溪县老城，古代称"口子镇"，又称徐口子、徐溪口、濉溪口等，是因地处溪河入古濉河之口而得名。考古学者在古镇发现了规模达 37 万平方米的酿酒遗址。在 2019 年的考古发掘期间，我曾应邀到发掘现场考察，目睹了地下已经出土的 4 个酿酒作坊（全面发掘了其中 3 个）以及每个作坊所保存的糟坊、制曲房、晾堂、发酵池、水井、储水池、排水沟、锅灶、房址、道路等遗迹，它们全面展现了明清时期酿酒工艺的整个过程。遗址出土了 900 多件遗物，其中陶瓷类酒具较多，包括酒坛、酒瓶、酒碗、酒杯等，还有不少服务于酒坊生产或经营的相关器物，让人们看到一处古代因酒业而兴盛的淮域小镇与外部世界所拥有的广泛的商贸往来。

纵观安徽濉溪长丰街明清酿酒遗址的考古发现，它具备多方面的意义。

一是"酒业考古"的意义。这些年，酒业考古得到我国考古学界的普遍重视，如江西南昌市进贤县李渡元明清时期烧酿酒遗址考古、四川成都市水井坊酿酒遗址考古、四川绵竹剑南春酿酒遗址考古、四川遂宁市射洪泰安坊酿酒遗址考古、四川宜宾红楼梦酒坊遗址考古、河北保定市徐水刘伶醉酿酒作坊遗址考古、江苏宿迁市泗洪双沟酿酒作坊遗址考古、河北衡水明清时期酒坊遗址考古、吉林省白城市大安酿酒作坊遗址考古、湖南嘉禾酒坊遗址考古、山西襄汾杏花村酿酒作坊遗址考古等，当然，濉溪长丰街明清酿酒遗址考古也是其中重要的项目。这些考古项目的相关发现，基本上架构了我国以白酒为代表的酿酒工艺从元代到明清时期的发展历程、酿造技术特征和演化、酿酒技艺的区域差异、若干现代名酒的技术积淀与文化传承以及作为古代中国特色手工业的作坊布局形态和工商一体化的产业结构形式等。可以认为，迄今为止的酒业考古对我国手工业考古、经济考古研究以及酒文化遗产的保护、传承、利用、发展等都作出了重要贡献。

二是城市及城镇考古的意义。我国古代的大多数城市都是因为行政、军事等需求而产生的政治类城市。大约从唐宋时代开始，一些因为手工业及商业的带动而形成的城市或城镇开始兴起，如近年考古发现的上海青龙镇遗址、河北黄骅海丰镇遗址以及安徽淮北市濉溪镇遗址等，它们都是属于唐宋时代及此后历史时期产生的工商业性质的新型城镇，有的后来也发展成为某一地区的行政中心，但是其工商业性质的城镇文化基因却长久保存，塑造了经济性城市或城镇的特征与风貌。考古发现的长丰街明清酿酒作坊遗址沿濉溪县故城内的骨干大街之一——后大街西侧分布，东西长约 1500、南北宽约 200 米，面积 30 多万平方米。已经发现的 4 个酒坊，在古代地方志上从西向东分别称信源坊、魁源坊、大同聚坊、祥源坊，它们顺着古代后大街分布，呈"前店后坊"形态，这与四川绵竹剑南春酿酒遗址发现的布局形态相似，应该代表着宋元至明清时代城市中"工商一体"的街区及城市经济形态的一般布局特点。为此，在遗址中发现的遗迹和遗物除了与酿酒工艺直接相关者之外，也有反映酒坊面街的商业空间活动的相关内涵，为研究中国古代工商业城市与城镇的规划思想、空间布局、建筑形态、街区面貌、文化内涵及特色等提供了宝贵材料。

三是与大运河考古相关的意义。"大运河考古"是近年颇受关注的考古领域，并被国家文物局列入"考古中国"重大项目体系。而濉溪县曾因柳孜运河遗址的考古发现而名驰全国并被列入大运河世界遗产地。濉溪老城地处淮河支流濉河边上，而淮河早在先秦时期已经被纳入大运河交通体系，隋唐宋时期大运河"通济渠"（汴河）段更是直接经过今濉溪县内。大运河的开挖，促进了沿线工商业的发展和城市带与城市群的形成，如濉溪柳孜运河遗址发掘中就发现了北宋时期已在柳孜镇设立盐、酒税监内容的石刻。在濉溪长丰街明清酿酒遗址考古中出土的来自长江以南景德镇窑、宜兴窑等地的青花瓷、紫砂器等无不是通过长江、大运河乃至淮河运道系统而到达濉溪一带，同样，濉溪古镇生产的名酒也要利用这样的运道系统到达各地，否则就不可能出现口子窖酒"名驰冀北""味占江南"的市场空间格局。

总之，安徽淮北市濉溪长丰街明清酿酒遗址的重大考古发现在我国酒业考古、城市及城镇考古、大运河考古等方面都有重要价值，由安徽省文物考古研究所陈超研究馆员主编的《闻酒识兼香——濉溪长丰街酒坊群遗址出土文物精粹》一书的出版，将为相关研究提供直接帮助！我们还希望该遗址以及相关发现能够得到更好的保护和利用，以展现以"口子窖酒"为品牌的安徽地方酒业文化的发展历史、发展成就、文化贡献和品牌文化内涵，建设更加丰富的酒业文旅产业形态和城市价值系统，让重要考古发现有效助力地方现代化事业发展。

是为序！

2024 年 9 月 28 日

序（二）

　　朋友圈里都知道我滴酒不沾，阴差阳错也好，因缘际会也罢，我却从 1998 年起，对酒——准确说是对白酒作坊遗址和酒文化产生了浓厚的兴趣。刨根问底，是自那年 1 月 1 日起，我从四川大学转岗到四川省博物馆工作。那时正是全国博物馆行业发展的低谷时期，全国绝大多数博物馆业务开展举步维艰，展馆门可罗雀，业务经费杯水车薪。在此背景下的四川省博物馆及其上级机关领导不等不靠，仍积极拓展生存空间，其中比较重要的一大举措就是和成都全兴酒业集团合作筹办一个酒文化博物馆。全兴集团看重省博丰富的酒文化藏品资源。但是梳理下来，专家们认为商周秦汉到唐宋时期藏品比较丰富，明清时期藏品严重缺乏。全兴更在乎的是明清以来的酒文化藏品，因此请专家们来献计献策。馆里一些老专家发言时说，全兴酒厂在成都市东门外水井街有个老作坊历史比较悠久，至今还在生产，建议派专业人员去考察一下，看看到底有多长的历史。专业人员去考察后初步认为作坊的建筑老旧，最晚当是清末民初的建筑，作坊当是同时或更早年代的，不过要确认，得进行考古发掘。时为四川省文物局副局长兼四川省博物馆馆长、四川省文物考古研究所所长的著名文保专家马家郁拍板，报请省文物局，若获批准，联合省市文物考古所对该遗址进行考古发掘。四川省文物局梁旭仲局长接报告果断决策批准，从此拉开了四川后来的一系列酒坊发掘和发现的序幕。我算赶得巧，本是学考古的，那时正好担任四川省博常务副馆长，分工自然就让我多负责一些与省市考古所的协调以及和全兴的合作。"到哪个山头唱哪首歌"，当然也就顺理成章关心起了酒坊考古、酒文化研究，特别是酒文化展览等与酒相关的文化习俗等。2002 年，我又转岗到四川省文物考古研究院，直到 2018 年，先后和院里的考古专家王鲁茂、陈德安、周科华、黄家祥、万娇等，又相继发掘了绵竹剑南春天益老号、射洪沱牌泰安作坊、宜宾五粮液长发升、泸州老窖、宜宾糟坊头五大白酒作坊。以上六大作坊中，竟有两个评上当年的全国十大考古新发现。

　　也许是以上原因，我和我所在的四川省文物考古研究院在传统手工业作坊，特别是白酒作坊的考古发掘方面开始小有名气。记得是 2018 年夏末秋初去北京出差，专程到科学出版社文博之家催促出书，以备当年 10 月底将在成都召开的全国第二届考古大会所用，正好遇上安徽省文物考古研究所宫希成副所长等几位同行也在，闲谈中宫希成副所长和大家谈起他们新发现一个很大的酒坊群遗址，并询问谁对白酒作坊考古有点研究，希望请去看看并给一点指导意见。闫向东副社长当即回答说："哈哈，得来全不费工夫。今天你来巧啦，这样的人近在眼前呢。"边说还边用手指了指我。从这时起，我算是和安徽濉溪新发现的酿酒作坊群遗址搭上了关系。

　　2019 年秋天，应宫希成先生之邀，我到濉溪长丰街酿酒作坊群遗址现场踏勘。此前虽看过部分照片和听过介绍，但一到现场给人的视觉冲击还是很震撼。这是一个总面积超过 30 万平方米的遗址，在考古发掘的 3000 多平方米中，就清理出百余个灰坑、20 余处房址，这些多与酿酒、卖酒有关，直接能判定酿酒遗迹的有 40 多个发酵池、10 多条排水沟、5 个蒸馏灶、5 口水井、3 处晾堂，还有储水池、制曲房、陈酿区、店铺区各 1 个以及 100 多个灰坑。如此大面积和丰富的遗迹，远超四川考古发掘的任何一个白酒作坊，何况还有 3 个酒坊遗存出土与酿酒售酒相关小件器物 900 余件，仅瓷片就有 1 吨重。按器形分有酒坛、酒杯、酒瓶、酒盏、紫砂壶、骨簪、麻将、牌九、烟嘴、鼻烟壶、笔筒和石碑等。虽然没有确切数据，我粗略估算，这个酿酒遗址仅考古发掘部分遗迹、器物数量和瓷片重量已超四川所有酒坊遗址总和。这个酒坊遗址究竟有多重要，当你看到以上数据并与四川六大白酒考古作坊进行简单比较后就会明白，也不再需要我多费笔墨张扬啦。

酒文化在 20 世纪 80 年代兴起的传统文化研究热中一直保持着很高的热度。但仅仅靠传统的文献资料，我们的酒史研究总跳不出杜康造酒，《尚书》有"酒诰"，商纣因酒亡，曹操《龟虽寿》，李白《将进酒》的叙事框架。考古学的兴起给酒史研究提供了丰富的资源，几十年来，从农业的起源、酒具的出土，几乎月月不乏新发现，年年都有新成果。不过，宋以前的酿酒和元明以后有本质的差别。直至 20 世纪末，酒史写到元以后反而更缺乏实证资料。1998 年成都水井坊明清白酒作坊遗址的发现拉开了白酒作坊遗址系列发现的序幕，此后随着江西李渡酒坊、河北刘伶醉酒坊和四川五大酒坊遗址的发现，我们及时提出重视传统手工业作坊遗址考古，并在第三次全国文物普查之际，率先在宜宾开展白酒作坊遗址专题调查，确认了大批白酒作坊遗址。2013 年国家文物局公布的中国世界文化遗产申报预备名单中，白酒作坊遗址群（我们发掘过的四川六大作坊遗址再加汾酒作坊共七个）赫然在列。传统手工业特别是白酒作坊遗址考古成绩斐然，得到全国同行的高度认可。今天，作为同行，看到安徽省文物考古研究所后来居上，揭露出的无论规模还是遗迹、遗物数量都远超此前任何一个遗址的白酒作坊，既为他们高兴，也再次深感传统手工业作坊考古大有可为。我以为，这一发现足以令其在下一次国家文物局调整世界文化预备名单时将其增列进白酒作坊遗址群。

我们的第一次白酒作坊考古发掘，事实上是和白酒企业联合进行的，当有所发现后，我们向对方提出了很多文物保护利用的建议，白酒企业也及时抓住机遇，让知名白酒品牌融进了更丰富悠久的文化，进而导致一个新的白酒品牌的诞生，短时间内就大获成功，产生了令同行艳羡的经济和社会效益，在全国产生了巨大的反响。这也是让文物活起来的成功的、典型的案例。濉溪长丰街酒坊群遗址发现后，在深圳工作的安徽籍企业家，也是我的好友申国胜先生挚爱故乡，听我讲到这项发现后，出于对故里的深厚感情，自己出资，让我邀请了王子今（著名历史学家），杨林、赵瑞民（著名考古学家），王鲁茂（酒坊考古专家），王龙（北京鸣鹤书苑俱乐部董事长、酒文化专家）等几位教授专家，并让我也陪同，还特邀安徽省文物考古研究所宫希成先生和遗址发掘领队陈超先生。在申国胜先生的率领下，于 2020 年，疫情稍有缓解的窗口期，再往濉溪长丰街酒坊群遗址考察。考察结束后和遗址所在地的安徽口子酒业股份有限公司领导做了长时间交流座谈。专家们对这一发现学术评价极高，还认为这一发现对一个知名度很高的白酒企业而言，可遇不可求，无疑是锦上添花。难能可贵的是，大家进而提出许多对遗址保护、利用、展示以及和"口子窖"品牌融合，提升"口子窖"文化品牌，促进企业文化发展的良策，都希望当地政府能建一座遗址博物馆，以对接正在急速升温的博物馆热，吸引华东广袤区域的大批旅游参观研学团队。有专家还很具体地指出，考古发现很多，其中作坊遗址也不少，但类似这种与当今名企高度关联的，可真是凤毛麟角，少之又少。全国白酒作坊考古发掘也有若干处，但从地理分布来看，以前都在西南、华中、华北地区，这是华东地区首次发现，且规模宏大，酿售要素齐全，作坊林立，保存甚好，传承有序，区位优势突出，稍加保护，尽快利用起来，能将社会效益和经济效益发挥到极致，这里现有的基础，几乎具备了建设遗址博物馆的所有有利条件，希望尽快建设一座遗址博物馆。惜因疫情长时间影响等主客观原因，专家们的许多高妙的文化创意，似乎并未得到采纳实施。

今得见该考古项目负责人、年轻考古专家陈超发来待出版的《闻酒识兼香——濉溪长丰街酒坊群遗址出土文物精粹》图录书稿，重新勾起数年前两赴濉溪长丰街酒坊群遗址的旧事，因而有了以上回忆。深望经由本图录出版传播，使该酒坊群遗址的考古和学术价值，让同行和上级有更多了解；让该遗址的重要性，尤其是利用价值被企业和政府决策部门所重视。若能进一步催生考古报告，促成遗址博物馆早日建成，则不枉考古人的一番努力和数年坚守，善莫大焉。

从考古发现的规律来看，濉溪长丰街酒坊群这类白酒遗址在安徽、在华东同时期，不会是孤立现象，我相信还有不少地区有数量可观的明清白酒作坊遗址。望当地政府及有关机构今后继续关注、支持这类遗址的考古研究及保护利用工作。根据我们的一点经验，若能尽早组织开展一些专题调查，则更能赢得工作的主动。

最后，一盼濉溪长丰街酒坊群遗址考古报告早日问世。二盼濉溪酿酒遗址博物馆早日建成。三盼濉溪长丰街酒坊群遗址早日增列进国家文物局的世界文化遗产中国白酒作坊遗址的预备名单，合力申遗成功。四盼濉溪长丰街酒坊群遗址在文旅融合中发挥出应有的作用，惠及当地白酒企业和相关产业以及社会大众。

高大伦

2024 年 9 月 14 日

写于太原（时任职山西大学考古文博学院）

序（三）

　　安徽濉溪长丰街酒坊群遗址是迄今发掘规模最大的同类遗址，主体年代为清至民国时期。长丰街酒坊毗连成群，院落布局结构相对完整，文化内涵也十分丰富。在作坊院落内，既发现有制曲房、窖池、晾堂、炉灶（蒸锅）、水井等各类遗迹，也发现有酒坛、酒壶、酒杯和碗、盘等各类瓷器。2019 年 10 月现场考察时，长丰街明清酒坊群遗址，尤其清至民国时期酒坊遗存的完整性、集群性和窖池的多样性等令人感受颇深，一直期待发掘成果能够早日面世。当陈超先生约我为他的成果作个小序时，便知祈愿即将变为现实，遂欣然应允。

　　近些年来，考古学界对酒文化遗存的关注，已不再限于随葬酒器中的液体残留。一则陶器残留物检测分析把酿酒起源时间追溯到八九千年前，谷物酒的酿造也不晚于仰韶文化时期；二则酿酒作坊遗址也时有发现，在四川、江西、河北、吉林、安徽、贵州等地已有十余处酿酒作坊遗址破土面世，濉溪长丰街明清酒坊群遗址应是其中最为重要的发现之一。目前发现的酿酒作坊遗址以明清时期居多，个别可以早到元代乃至宋辽时期。这些发现能否唤醒沉寂了数十年的河北藁城台西 F14 即商代酿酒作坊遗存的学术价值，值得期待。

　　作为考古工作者，酒文化遗存进入我的研究视野不过十余年的时间，从一无所知到小有所获，感触颇深。事实上，"考古学是什么"这一命题，从学生时代琢磨到今天，答案依然有些模糊不清。不过，长期的田野考古实践和一系列研究工作，还是令自己有所感悟，即考古学的专业性集中在以时空关系为基础的田野考古方面，而包括古代酿酒工艺在内的研究领域则往往拥有明显的非专业性特征。据此而言，濉溪长丰街明清酒坊群遗址考古发现的重要意义，首先在于发掘过程的规范化、信息提取的科学化和实物遗存的资料化。

　　大约十年前，在"以人为本，功能至上"艺术设计原则的启发下，开始琢磨一些器物的功能结构问题。有的器物形态结构较为特殊，功能指向相对集中，研究工作比较容易展开，如仰韶文化的尖底瓶。而有的器物形态结构较为普通，功能指向甚为复杂，研究工作则大费周章，如仰韶文化早期的彩陶鱼纹盆。虽然从形态结构、施纹位置和纹饰保存状况等方面初步判断彩陶鱼纹盆可能是蒸馏用的冷却器，但这一认知结果却与中国蒸馏酒（烧酒）为元代从西域传入的主流观点大相径庭。有关彩陶鱼纹盆功能结构的推断有无合理性？问题究竟出在哪里？带着这些疑问，秉持追求历史真实的学术目标，遵循由近及远、由已知到未知的认知方式，在逐步聚合传统酿酒工艺（涵盖器具使用）、蒸馏原理、酿酒工艺学等经验性和原理性知识的基础上，开启了传统酿酒蒸馏工艺的探索历程，期望能够在非物质文化与物质文化之间构建起科学认知的桥梁。

　　也许，彩陶鱼纹盆的功能结构最终只能建立在推断之上，但酒文化遗存研究的重要性毋庸置疑。

姑且不论酿酒蒸馏工艺的源起，大量的考古证据已经证实，中国酒文化源于史前时期。及至先秦时期，酒文化已涵盖于礼仪制度之中，犹言"酒以成礼"（《左传·庄公二十二年》）。不仅如此，酒还被赋予延年益寿的保健养生功能，所谓"十月获稻，为此春酒，以介眉寿"（《诗经·豳风·七月》）。在炼丹术初兴的战国秦汉时期，酒已演变成"百药之长"（《汉书·食货志》）。而"酉"字及其物象之本作为"醫"字的构成部分之一（《说文》），应可进一步验证这一历史事实。何况药酒也是中医药的重要组成部分，且涵盖了发酵法、冷浸法和热浸法等多种制作方法。

中国古代酒文化的另一突出特征就是酿造普遍，从宫廷、各级官府到道家术士、私营酒垆、家庭自酿无不见于史籍记载。尤其"酎酒"应是先秦至明清时期的宫廷御酒，专属性极强，最著名的历史实例就是汉代的"酎金律"和汉武帝"酎金夺爵"的典故。在先秦贵族"沽酒市脯不食"（《论语·乡党》）生活方式的背后，也应隐含着专属酿造的历史事实。后世的达官显贵似乎并未放弃这种生活方式，"深门潜酝客来稀，终岁醇浓味不移"（唐·韦应物《酒肆行》）应是其真实生活的写照。"文君当垆"所代表的私营酒垆及民间自酿酒姑且不论，文人隐士中也不乏陶渊明、白居易、苏轼、陆游、杨万里等酿酒高手。但不无遗憾的是，迄今的考古发现似乎与这一历史事实不大相称，而导致这一现象的原因或与酒文化遗存研究严重不足有关。

酒的商品化始于先秦时期。沽或酤皆有买卖之意，《诗经·小雅·伐木》所谓"有酒湑我，无酒酤我"，其意应为"有喝无买"，可谓"沽酒市脯不食"的另类表达。在专属或专用酒之外，商品化现象也应相当普遍。春秋时期著名政治家晏婴曾以"人有酤酒者"（卖酒者）为例，向齐景公阐明治国之患（《晏子春秋·问上》）。西汉以来，酒已成为仅次于盐铁的特殊商品，不时推行"榷酒酤"的酒类专卖制度。而集中制酒、卖酒的酒肆应是酒业发达程度的一种体现。濉溪长丰街明清酒坊毗连，足以说明这一时期基层社会酿酒业的一派繁荣景象。

在商业化的酒肆中，"前店后坊"的酒坊布局可谓源远流长。四川成都一带出土的酒肆画像砖表明，"前店后坊"布局至迟在汉代就已出现。而濉溪长丰街"前店后坊"布局结构的确认，则为探索酿酒作坊的历时性变化提供了一些可能。汉代的酿酒画像砖呈现出"有坊无店"和"前店后坊"两种布局特征，而前店似乎应为单间结构，且商业化功能似乎也仅限于售酒，盛酒的酒坛（鸱夷）常为"人复借酤"（扬雄《酒箴》）。而濉溪长丰街发现的酒坊布局明显不同于酿酒画像砖，作者结合出土遗物，将魁源坊东侧的三开间院落式房址称为"品酒房"，也许不无道理。而我却联想到唐代著名诗人白居易的一首诗，所谓"亦知数出妨将息，不可端居守寂寥。病即药窗眠尽日，兴来酒席坐通宵。贤人易狎须勤饮，姹女难禁莫慢烧。张道士输白道士，一杯沉瀣便逍遥"（《病中数会张道士见讯，以此答之》）。

白居易的这首诗明显是为回讯张道士而作。前两句是说病中的白居易仍屡屡外出饮酒，后两句则是饮酒情形的具象描写。其中，"贤人"是指浊酒，亦即 18 度以下的发酵酒；"易狎"是说浊酒容易使人举止轻浮，殃及"姹女"即待应美女；在屡禁不止的情况下，抑或出于白居易的悄然唆使，店家便改变了常态化的慢烧方式（乙醇与水混合后会出现 78.15℃ 的恒沸点，即在这一温度下，气、液两相中乙醇和水的占比完全一致；低于 78.15℃ 则气相中的乙醇占比就会高于液相，高于 78.15℃

则气相中的乙醇占比就会低于液相；最佳加热温度应在65℃～75℃，故酿酒蒸馏通常需要缓火慢烧），很快便烧出一杯沆瀣即露水般的烈酒。二人饮于酒馆或酒楼，慢烧与沆瀣既是酿酒蒸馏的形象展现，也是古代崇尚"现蒸现饮"饮酒方式的具象反映。由此观之，唐宋明清以来的"前店后坊"理应有别于汉代画像砖上的布局规划，尤其前店似乎还应附加有酒馆或酒楼的功能。因而，"品酒房"似乎还不能充分揭示前店的功能特点。

无论如何，濉溪长丰街明清酒坊群遗址都是非常难得的考古发现，为探讨古代酿酒工艺及酒文化提供了宝贵的实物证据。但愿濉溪长丰街等一系列酿酒作坊遗存的发现，能够促进考古学界对酿酒遗存的关注和认识，能够引发更多的考古新发现。相信随着研究工作的不断深入，濉溪长丰街明清酒坊群遗址的学术价值和文化价值将进一步得到彰显。

钱耀鹏

2024 年 10 月 2 日

于西北大学长安校区

目　录

壹　前言

一壶浊酒喜相逢

——记濉溪县长丰街酒坊群遗址发掘过程

2018 年 9 月 25 日，在濉溪县北苑风景棚户区改造工程施工现场建筑工人发现一处古代的青砖房基，随即便停止施工，保护现场后上报当地文物部门。濉溪县文物局派人到现场勘察之后确认这是一处古代城市建筑遗址，随后上报安徽省文物局说明情况。

此时，我正在发掘淮北烈山窑址，距离濉溪酒坊遗址比较近，并且烈山窑址也发现了大量金元时期的饮酒器。受安徽省文物局委托，单位指派我到现场勘察，国庆期间，我在濉溪县文物局工作人员的陪同下勘察了遗址现场。遗址发现之初，当地文物部门为了现场保护做了简单清理。我们到现场时，已经清理出 1 处蒸馏灶、2 组发酵池、1 处房址和排水沟，总体保存比较好。经勘察确认，这是一处保存完好，分布面积较大，时代跨度较长的古代酿酒作坊群遗址。

回到单位我如实向领导报告了勘察情况，单位领导通盘考虑后，便将这项发掘任务交给了我。2018 年年底，我完成了烈山窑址的野外发掘，同时将发掘文物转运到淮北市博物馆存放。2019 年上班之后，我便着手安排濉溪酒坊群遗址的考古发掘工作。发掘计划逐级上报到国家文物局后，获颁发掘证照，并于同年 2 月组建完成发掘团队，正式开始了田野考古发掘工作。说实话，我也是第一次发掘酿酒作坊遗址，虽然当时野外发掘也干了十年多，但面对一种新类型的遗址还是诚惶诚恐。因为田野考古的理论、方法和技术只能指导我们发掘时的具体过程和区分单位堆积，但并不会直接告诉我们所清理的遗迹是什么性质、功能和用途。这需要我们花时间和精力查阅资料，再回归到田野中面对具体的历史文化遗存，解读各遗存的性质与关系，以明确各自的空间结构和功能关系。

城市考古中面临的困境之一就是遗址本体被破坏得比较严重，城市在历史建设发展过程中造就了比较直观的层累历史。从濉溪县诞生之初，这块土地不断地经历建设、改造、加载、毁坏、重建等行为过程。所以，我们面对的濉溪酒坊群遗址已经是千疮百孔的历史面貌。

城市考古的困境之二就是城市聚落布局与古文献如何相互对应，即考古成果与文献互证的"二重证据"能够有机契合。城市考古主要分为都城考古、州府级考古、县镇级考古以及一般性聚落考古。有的城市考古可以依托的文献资料比较丰富，但有的城市考古则无文献可查。并且由于文献记载的零散性、不全面性以及非系统性，很难将之复刻到考古发现之中。

城市考古的困境之三是发掘团队学科构成要求较高，需要有考古学专家、古建筑学专家、手工业考古专家（如古陶瓷考古、冶金考古等）、文物保护学专家、科技考古专家等，这种要求在一个发掘团队中很难得到满足。田野考古的理想是通过科学规范的考古发掘走进历史的场景，走近历史真实之道，完美呈现过去的历史。这需要多方努力，科学设计发掘方案，制定合理的发掘计划等。

这次发掘的濉溪酒坊群遗址主要位于濉溪县原长丰街以北、武家巷以东、关帝庙街以南、龙脊山路以西，该区域大致位于濉溪古城西北角，紧邻北城墙的位置。按照《民国时期濉溪糟坊位置图》标识，自东向西依次分布有祥源坊、大同聚坊、魁源坊和信源坊四个酒坊。由于当时发掘区域中的祥源坊和信源坊的拆迁工作尚未结束，因此主要发掘区域位于魁源坊、大同聚坊和祥源坊北部。发掘区域南侧所在古街名为长丰街，长丰街向西与西城门相连接。向东则是善堂街、书院街。从这些古街名号能够窥见明清时期濉溪县就是人文积淀丰厚的区域。

考古发掘所使用的经费一般由建设单位提供，纳入文物保护经费预算之中。由于发掘面积大，工期时间长，涉及经费多，濉溪县北苑风景棚户区改造工程建设方未及时提供发掘经费。安徽口子酒业股份有限公司抓住机遇，看到该酒坊群遗址与现集团有紧密的历史渊源关系，并出于文物保护的目的，口子酒业公司两次向安徽省文物考古研究所提供濉溪长丰街酒坊群遗址的发掘使用经费。这里就看到了安徽口子酒业股份有限公司的高站位、长远文化战略和社会责任感！

我在接手濉溪长丰街酒坊群遗址之前，主要工作是大运河考古和古陶瓷考古方面的发掘及研究工作。我于2012年2月至2013年6月主持了柳孜运河遗址第二次考古发掘。除重要遗址外还出土大量的遗物，以瓷器为主，主要来自全国二十多个窑系的产品，最早的是隋代寿州窑和萧窑产品，唐代有越窑、婺州窑、长沙窑、德清窑、宣州窑、邢窑、巩县窑、寿州窑、萧窑等产品，宋金时期有磁州窑、定窑、耀州窑、临汝窑、淄博窑、扒村窑、钧窑、白土窑、烈山窑、歙县窑、景德镇窑、建窑、吉州窑等产品。出土瓷器种类以生活用具为主，其中就包括饮食器具中的酒器和茶器。古代饮酒、喝茶离不开碗、盏、壶、杯等器具，这些器物发现最多，说明当时这些器物消耗得也最快。

唐宋时期饮酒、饮茶之风更盛。其中比较多地使用碗或盏，有白釉碗（盏）、青釉碗（盏）、黄釉碗（盏）、黑釉碗（盏）等。这其中的变化也反映了斗茶器具的不断演化。古代诗词文献中也多有涉及饮茶的内容。如白居易《食后》诗说："食罢一觉睡，起来两瓯茶。举头看日影，已复西南斜。"诗文中虽未提及使用什么颜色的瓷碗饮茶，但侧面反映了当时文人喜喝茶的风尚。北宋著名茶学家蔡襄在《茶录》中则明确说明在当时使用黑釉碗（盏）饮茶的重要原因："茶色白，宜黑盏。建安所造者，绀黑，纹如兔毫，其坯微厚……久热难冷，最为要用。出他处者，或薄或色紫，皆不及也。"[1]

柳孜运河遗址还出土一些带有酒坊铭文的酒壶，有"仁和馆"瓶、"八仙馆"酒瓶。这是属于金元时期磁州窑的典型瓷器，这类瓶小口外撇，短颈，腹部稍肥大，圈足，整个形体略似橄榄。瓶身上半部施白釉，下半部施黑釉，瓶口亦施黑釉，颈、肩之间置四竖系，系上部宽，下为尖形，系面压印四条直线纹。由肩部向下以黑彩斜书"仁和馆"三字，字为行书体，书法苍劲有力。"仁和馆"为宋代馆驿的名称，据宋人周淙《乾道临安志》卷二"馆驿"条载："仁和馆在今清湖闸之南，绍兴十九年郡守汤鹏举重建。"当时临安府辖九县，仁和县为九县之一。带"仁和馆"款的四系瓶，应是宋仁和县馆驿使用的酒瓶或水瓶。明代陈继儒《妮古录》载："余秀州买得白定瓶，口有四钮，

---

[1] （宋）蔡襄：《茶录》，《景印文渊阁四库全书》本，第629页。

斜烧成'仁和馆'三字，字如米氏父子所书。"陈氏认为这类四系瓶是定窑产品，但从瓶的造型、系的式样，以及器身兼施两色釉看，在河北磁县彭城镇宋代瓷窑遗址中却发现有斜书"馆"字的四系瓶标本，故应为宋代磁州窑产品。河北观台、彭城是磁州窑的两个中心窑场。在彭城出土了一批四系瓶标本及残片，许多四系瓶上书写"仁和馆""太平馆""熙春馆""八仙馆""同乐馆""长乐馆""嘉和馆""玉春馆""玉山馆""同醉馆""元贞馆""武阳馆""大德（年）""皇庆年""赵家瓶""纪家瓶""梨花白""秋露白""红梨花""一支花""风花雪月""酒、酒、酒、酒"等馆铭、年号和短语文字[1]。在磁州窑址中发现如此多的酒馆名称，这些均是各地酒馆向磁州窑定烧的行为。定制写有自家酒坊或酒家名称的盛酒瓶，这是一种比较典型的广告行为。题字赞酒这在前文已有论述。金元磁州窑将这种做法发挥到淋漓尽致。不唯如此，酒肆、馆驿还在定购四系瓶的时候将自己的招牌名号烧写在这种酒具上，"仁和馆"铭酒肆其中一种。酒具上的题字，则反映了当时酒肆繁昌的事实[2]。这几件带有"仁和馆""八仙馆"酒馆铭的酒瓶自北向南顺着大运河销售到柳孜镇，有可能是濉溪地区酒肆定烧的产品。淮北烈山窑址也出土大量的酒器，其中也有酒瓶和酒盏。

遗址中发现一些骰子，除赌博之外，还可以用于行酒令的游戏，古代饮酒行酒令或斗酒自唐宋酒坊或酒楼经常出现后，在金元时期更是发展鼎盛。宋孟元老《东京梦华录》载："大抵都人风俗奢侈，度量稍宽，凡酒店中不问何人，止两人对坐饮酒，亦需注碗一副，盘盏两副，果菜碟各五片，水果碗三五只，即银近百两矣。"[3]三五两人在一起饮酒，少不了骰子作为行酒令的器具使用。南宋陆游在《老学庵笔记》卷三中云："群蛮聚博其上。骰子亦以骨为之，长寸馀而匾，状若牌子，折竹为筹，以记胜负。"简单地记述了骰子的制法及用途。明清时期饮酒之风更盛，行酒令依然用骰子。

以上说明濉溪酿酒历史的悠久。濉溪长丰街酒坊群遗址也出土大量的酒具，其中包括酿酒具、储酒器、盛酒器、品酒器等，按照材质可以分为瓷器、釉陶器和石器。酿酒具主要有石磨和石锅甑底座，石磨主要是用来破碎粮食用的，石锅甑底座属于蒸馏灶形制之一。储酒器出土有釉陶酒坛，虽然残损，但仍能见到器表经过封护处理的痕迹。盛酒器能够看到瓷酒壶到玻璃酒瓶的演变，大量的品酒器更是直接体现了饮酒业的繁荣。

遗址还出土娱乐用具中的麻将、牌九、骰子等，多用于赌博、饮酒、游戏等行令。其中麻将、牌九主要供家庭民众娱乐之用，在清代晚期流行于江浙沿海地区，后逐渐沿江发展。杜亚泉《博史》中云："相传马将牌先流行于闽、粤濒海各地及海舶间。清光绪初年，由宁波、江夏沿及津、沪商埠……五口通商以后，海舶多聚于宁波、江夏；各省贾客，流寓江夏，繁盛过于上海，演习马将者逐日众。由此已改制骨牌，且加梅、兰、竹、菊、琴、棋、书、画等花张，称为花马将，逐渐流行；由津、

[1] 马小青、张春芳：《磁州窑四系瓶新证》，《文物春秋》2002年第4期。

[2] 彭善国：《柳孜运河遗址出土"仁和馆"铭四系瓶及相关问题》，《中原文物》2004年第6期。

[3] 孟元老：《东京梦华录》，中国商业出版社，1982年，第28页。

沪波及全国。盖已五十余年于兹矣。"[1]麻将传入之后，牌数和玩法也不断创新发展，加入许多花色，增强了娱乐性和观赏性。清末民初徐珂《清稗类钞·赌博类》又载："麻雀亦叶子之一，以之为博，曰叉麻雀。凡一百三十六，曰筒，曰索，曰万，曰东南西北，曰龙凤白，亦作中发白。始于浙之宁波，其后不胫而走，遂遍南北……光、宣间，麻雀行，达乎诸侯大夫及士庶人，名之曰看竹。"[2]

　　发掘过程中总是有惊喜和快乐，因为随着发掘的推进，不经意间有一些期待的遗迹暴露出来和精美遗物出现在眼前。但也有困扰，因为是第一次接触酒坊类遗址，不认识的遗存肯定是存在的。就需要自己主动去查询相关资料，首先是参观口子窖酒业的传统生产车间以寻找答案。同时阅览相关酒坊的资料，如参考早期酒坊遗址成都水井街酿酒作坊群遗址、绵竹剑南春天益老号、射洪沱牌泰安作坊、宜宾糟坊头等考古报告，也是在发掘过程中不断地学习和提高。发掘期间还有幸应西北大学历史学院钱耀鹏先生之邀参加"中国古代酿酒蒸馏工艺学术研讨会"，宣讲了濉溪长丰街酿酒作坊群遗址的最新成果，得到同行的关注和认可，并在与会期间也向酒史专家请教了许多，学到了很多知识。

　　随着考古发掘有新的进展和发现，越来越多的新闻媒体也关注此次濉溪酒坊群遗址，争相报道。通过这些媒体关注可以感受到民众对古代酿酒遗址以及酿酒工艺的喜爱，同时也能体会到酒坊考古的热度。这些媒体主要有中央电视台十套和二套、安徽电视台、江苏电视台、湖南电视台、淮北电视台、新华社、《光明日报》《安徽日报》《新安晚报》《安徽商报》等。其中，中央十套录制了一期"《发掘记》之《老窖新酿》"，记录了发掘当时场景和一群青年发掘技工的日常状态，可惜因种种原因未能如期播出，深感遗憾！

　　发掘过程中还得到单位领导的关心和帮助。宫希成先生牵头召开了专家论证会，时间是2019年10月15日，安徽省文物局、安徽省文物考古研究所组织召开"濉溪明清酿酒作坊遗址保护利用专家论证会"。与会专家有中国文化遗产研究院文物保护工程所李向东所长，北京国文琰公司张治强总经理、王学荣副总工程师，南京大学贺云翱教授，四川省考古院原院长高大伦研究员、万娇副研究馆员，西北大学钱耀鹏教授，安徽省文物局文物保护处刘奇中副处长，安徽省文物考古研究所叶润清所长、李治益副研究馆员、姚政权副研究馆员等，口子酒业股份有限公司詹玉峰副总经理、王鹏部长，濉溪县文物局李彬局长、张拥军副局长。与会专家经过现场勘察和充分讨论认为：濉溪长丰街明清酿酒作坊群遗址分布面积是迄今发现全国最大的，并且发掘面积也是最大的，比已经发掘的近十处酿酒遗址面积的总和还要大；是安徽省首次经过科学考古发掘并获取大量酿酒流程工艺的遗址，乃至华东地区首次考古新发现，酿酒制作工艺流程的设施要素齐全，保存比较完好，较全面地反映了皖北乃至北方蒸馏酒制作工艺发展的生态模式，时代序列比较清楚，传承有序；出土反映社会形态的遗物也比较丰富多样，出土遗物质量比较高，品位比较高档，说明濉溪本地酿酒作坊主的生活比较有品位和富裕，对研究濉溪酿酒工艺以及明清社会生活具有重要的考古价值和学术意义。

[1]　杜亚泉：《博史·默和牌与马将牌》，新星出版社，2007年，第202、203页。

[2]　（清）徐珂：《清稗类钞·赌博类·叉麻雀》，中华书局，1986年，第10册，第4905、4906页。

最后，明清时期濉溪的支柱产业是酿酒业，今天口子酒也依然是濉溪县的支柱产业，这是历史文化的一种逻辑。濉溪这座城市找到了自己的根脉，找到了自己的发展动力，找到了自己最早的社会形态，是非常有价值和意义的！

发掘结束后的一段时间，我也时常接待全国对酿酒遗址感兴趣的朋友来参观考察。深感发掘一处重要的遗址能够得到同行的关注和认可，也是一件幸事。其间又与南京大学历史学院胡阿祥老师一起录制了一档"开口说窖"的节目，深受观众喜爱，也扩大了酒坊遗址的影响。

如今，濉溪长丰街明清酿酒作坊群遗址发掘结束近五年时间了，在濉溪县委县政府的支持下，通过濉溪县文保中心的指导，安徽口子酒业股份有限公司正在遗址现场筹划建设濉溪酿酒遗址博物馆，加强了对遗址本体的保护与利用，认真贯彻执行"保护第一、加强管理、挖掘价值、有效利用、让文物活起来"的新时代文物工作方针，充分体现了当今企业家的责任与担当。祝愿濉溪酿酒遗址博物馆早日能与观众见面，也祝愿濉溪县长丰街酒坊群遗址能够得到更多人的关注和喜爱！

陈　超

2024 年 9 月 15 日

濉溪长丰街酒坊群遗址考古概述

一　濉溪酿酒史简述

　　一方水土，养一方人，酿一方美酒。濉溪县位于安徽省北部淮北市，地处北纬 33°16′～34°14′，处于北纬 30°中国白酒黄金带之中，也属于淮河流域名酒产区。淮河流域是中国南北方的自然分界线，也是中国南北气候过渡带，以北属暖温带半湿润区，以南属北亚热带湿润区，气候温和，年平均气温为 11℃～16℃，平均降水量约 920 毫米。酿酒需要水、土壤和气候等自然条件，而淮河流域优越的自然地理环境，适合酿酒所需微生物的培育和生长。淮河名酒品牌包括河南省汝阳杜康、商丘林河大曲、鹿邑宋河等，安徽省古井贡、金种子、口子窖、皖酒、迎驾贡酒、明光酒等，江苏省双沟、高沟、汤沟、洋河等（图一）。江苏、浙江、安徽、四川等省酿酒业比较发达，这些地方本是产粮区，每年有大量粮食用于造酒[1]。安徽省丰富的粮食解决了酿酒的原料问题，尤其皖北属于黄淮平原的一部分，是小麦和高粱的重要产区。

　　古代酿酒大致分为发酵酒和蒸馏酒，发酵酒出现比较早，可以追溯到新石器时代中期。出现于距今 7000 年前的仰韶文化尖底瓶是一种新型的酿酒容器，其结构设计有利于酿造发酵。酒的原料是当时常见的各种栽培物和野生植物，大小不等的尖底瓶可能用于不同的社会场合。综合半坡和姜寨尖底瓶残留物中淀粉粒、植硅体、霉菌、酵母细胞和棒状方解石晶体的组合规律可以看出，黍可能是酿酒的主要原料，加以其他谷物（粟、小麦族、水稻）、豆类和块根植物（栝楼根、芡实）。种类基本为谷芽酒和麴酒两种，使用芦苇吸管哑酒可能是饮酒方法之一[2]。尤其是马家窑文化的彩绘小口尖底瓶也比较有特点（图二）。蒸馏酒的出现时间则众说不一，有"汉代说""唐代说""宋代说"以及"金元说"，目前"金元说"支持者比较多。蒙古人入主中原后，也开始逐渐饮用粮食酒，并称其为"答剌苏"。光禄寺下辖的大都、上都醴源仓是元朝官方酿造粮食酒和管理原料的机构。元代酒类最大的变化是蒸馏酒的普及。蒸馏酒又称为烧酒、"阿剌吉"酒。《至正集》记载："以水火鼎炼酒取露……其法出西域，由尚方达贵家，今汗漫天下矣。译曰阿剌吉云。"与传统的酿造酒相比，蒸馏酒的酒精含量可以达到 55% 以上[3]。李时珍《本草纲目·谷四·烧酒》也云："烧酒非古法也。自元时始创其法，用浓酒和糟入甑，蒸令其上，用器凡酸坏之酒，皆可蒸烧。近时惟以糯米或粳米或黍或秫或大麦蒸熟，和曲蒸取。其清如水，味极浓烈，盖酒露也。"并且江西发掘的南昌进贤李

---

[1] 徐建青：《清朝前期的酿酒业》，《清史研究》1994 年第 3 期。

[2] 刘莉、王佳静、刘慧芳：《半坡和姜寨出土仰韶文化早期尖底瓶的酿酒功能》，《考古与文物》2021 年第 2 期。

[3] 顾志洋：《元代酒器的功能和组合及所见酒文化之新象》，《北方文物》2023 年第 3 期。

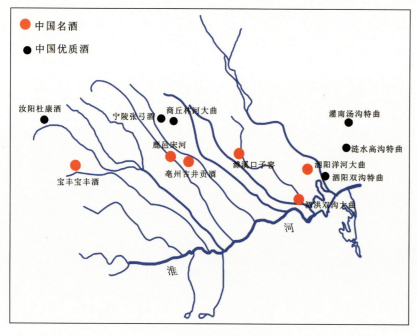

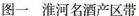

图一 淮河名酒产区带

图二 甘肃临洮出土的
尖底旋涡纹彩陶瓶

渡烧酿酒遗址中清理出元代发酵池和水井。从考古材料也证实了蒸馏酒在金元时期已经很流行了。

濉溪的酿酒历史可以说是源远流长，在汉代墓葬中发现了大量的酒器，如壶、耳杯等，其中画像石中也经常有六博对弈饮酒的场景。谯郡的曹操曾以写酒诗而著名，他写下慷慨激昂的《短歌行》："对酒当歌，人生几何！譬如朝露，去日苦多，慨当以慷，忧思难忘。何以解忧？唯有杜康。"六朝时期竹林七贤之一的嵇康曾生活在这里，世称"嵇中散"，他饮酒的行为在当时是很有名的。他不但饮酒，还写下了《酒会诗》："乐哉苑中游，周览无穷已。百卉吐芳华，崇台邈高跱。林木纷交错，玄池戏鲂鲤。轻丸毙翔禽，纤纶出鳣鲔。坐中发美赞，异气同音轨。临川献清酤，微歌发皓齿。素琴挥雅操，清声随风起。斯会岂不乐，恨无东野子。酒中念幽人，守故弥终始。但当体七弦，寄心在知己。"嵇康饮酒非常有节制，从不过量。他说："酒色何物？今自不辜；歌以言之，酒色令人枯。"

隋唐时期，由于两百多年免征酒税，民间酿酒颇为普遍，再加上当时政府及民间和西域交流增多，因而酿酒技术得以显著提高，酒的品种也更加丰富。《唐本草》载用葡萄做酒法："总收取子汁，煮之，自成酒。蘡奥、山葡萄并堪为酒。"王绩的《过酒家五首》有"竹叶连糟翠，葡萄带曲红"，说明当时就有了"竹叶青酒""红葡萄酒"等。王翰《凉州词》更是豪情万丈："葡萄美酒夜光杯，欲饮琵琶马上催。醉卧沙场君莫笑，古来征战几人回？"

宋元时期的酿酒业更加发达，制酒技术也显著提高，很多文人开始依据传统技术自己酿酒，如苏轼。宋至明清时期编纂了大量制曲酿酒技术方面的著述（表一），著名的有朱肱《北山酒经》、李保《续北山酒经》、范成大《桂海酒经》、苏轼《东坡酒经》等，这些著作对宋代制曲酿酒的技术进行概括总结，将传统经验转化为理论记录下来。《北山酒经》中有详细记载，其工序为"卧浆、淘米、煎浆、汤米、蒸醋糜、用曲、合酵、酴米、蒸甜糜、投醹、酒器、上槽、收酒、煮酒等"，

表一 关于酿酒技术的文献

时代	文献名	作者	制曲、酿酒技术	蒸馏技术
先秦	《世本》	佚名	仪狄酿酒	
先秦	《尚书说命篇》	佚名	若作酒醴尔维曲糵	
西汉	《礼记·月令》	佚名	酿酒"六必"	
西汉	《黄帝内经》	佚名	汤液醪醴	
东汉	《说文解字》	许慎	杜康作秫酒	
东汉	《四民月令》	崔寔	酿酒时节	
汉	《九酝春酒法》	曹操	九道发酵法	
北齐	《齐民要术》	贾思勰	八例制曲、四十种酿酒	
北宋	《北山酒经》	朱翼中	十三种制曲法和多种酿酒法	
北宋	《酒经》	苏轼	家具酿酒技术	
北宋	《曲本草》	田锡	论述制曲种类	
北宋	《酒谱》	窦苹	酒的起源、名称、历史、名人酒事、功用	
南宋	《酒名记》	张能臣	皇家贵族酿酒	
元	《饮膳正要》	忽思慧	酒的种类、功用和禁忌	
元	《酒小史》	宋伯仁	历代与酒有关的名家及名酒	
元	《居家必用事类全集》	无名氏	饮食中的酒则	
明	《易牙遗意》	韩奕	酒的种类	
明	《墨娥小录》	佚名	酿酒醋制法	
明	《酒品》	王世贞		
明	《天工开物》	宋应星	红曲酿酒技术	
明	《本草纲目》	李时珍	米酒、烧酒和葡萄酒种类，同时收录药酒方	烧酒非古法也，自元时始创其法。用浓酒和糟入甑，蒸令气上，用器承取滴露
清	《调鼎集》	童岳荐	酿酒技法、酒具等	
清	《随园食单》	袁枚	茶酒单，记载各地美酒	

这个酿酒程序和现代相差无几。

濉溪柳孜运河遗址出土一块北宋时期的砖塔碑，碑文中记载濉溪柳孜地区设立酒税监："泰宁军节度推官承奉郎试大理评事监柳子镇盐酒税祖贻亮"[1]。南宋开禧二年（1206 年），官方又在淮北渠沟设酒税官。

元至正三年（1343 年），在渠沟设立"酒监"以课酒税。明万历年间，酿酒作坊已有 10 余家。有据可查的有"允城""广益""俊源""同泰""同源""隆源"等酒坊[2]。明代晚期戴国士在《夜泊曲沟》写道："云碓春何急，声声数客劳。渔灯烧绿水，夜色澹青袍。乡望西山远，星占北斗高。橘徕疑楚泽，沽酒读离骚。"渠沟镇（亦作曲沟、瞿沟），又名曲阳镇，是淮北市历史最为悠久的小城镇。春秋鲁桓公十五年（公元前 697 年），鲁、宋、卫、陈四国会盟于渠，协商讨伐郑国。这次会盟之地就是该镇渠沟村。《后汉书·郡国志·沛国》注云："杜预曰：在相西南，一名莘。"清《宿州志》记载："会盟之地或谓渠沟未详。"

在金代渠沟为符离县所辖三大镇之一（另为符离镇、黄团镇）；元初符离县并入宿州后，渠沟则为宿州四大镇之一。金、元时期，官府在此设有监酒税等官，证明此地古时即有兴旺的酿酒业。"隔壁千家醉，开坛十里香"，明代晚期相山隐士任柔节曾这样赞美濉溪的美酒飘香，任氏家族是淮北的名门望族，在其家谱中收录一篇任文石父亲任思忠的墓志铭《相山高士任公墓志铭》。任思忠生于嘉靖癸亥（1563 年）六月初八，寿六十二。其铭文中说："（任思忠）尝于冬月承父命载酒永固湖，易鱼以佐朝膳。"（图三）很可能是从濉溪贩酒到萧县的永固湖买鱼。从金至清末，渠沟都是附近一带重要的商品交易集市。从这些文献中可以看到濉溪酿酒的悠久历史。

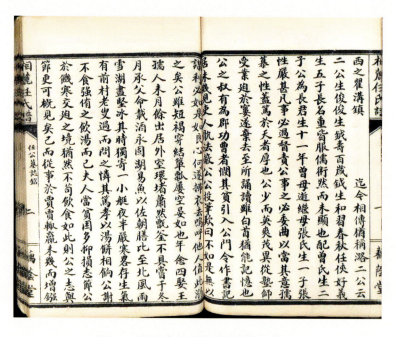

图三　任氏家族谱任思忠墓志铭文

[1] 陈超：《安徽柳孜运河遗址出土宋代砖塔碑考释》，《江汉考古》2019 年第 1 期。

[2] 口子酒志编纂委员会：《口子酒志》，黄山书社，2016 年。

二 美酒外运的交通线路

濉溪县内有一条重要的河流濉河,古称睢水。《水经注》载:"睢水发源于梁郡鄢县,东过睢阳县南,又往东过相县南,屈从城东流,当萧县南,入于陂。"陈桥驿先生校注睢水时提到睢水流经宿州、灵璧后又流经江苏睢宁,最后往东南流,注入泗水,最终流入淮河[1]。濉河为濉溪酿酒作坊提供了丰富的水源,同时也提供了便利的水运通道。濉溪酒人利用发达的水运,沟通南北,为濉溪美酒的销售提供便利的贸易交通条件。在濉溪东出口处还存有 1 座 20 世纪五六十年代修建的濉河闸(图四)。

图四 濉河闸与濉河(镜向北)

睢阳古道也是陆路交通要道。睢阳与宿州之间有一条宽广的睢阳驿道,彭城到宿州的汴路也称睢阳驿道。从濉河符离晓渡(宿州八景之一),一路南来,过九孔桥,入宿州城,宿州东门外设睢阳驿。睢阳驿为宿州四驿之中心,从睢阳驿东去,驿道两边植杨柳,五里一屯十里一铺,十里铺、二铺、三铺、四铺,皆为睢阳古道上的驿站。每驿备有马匹,来回传递官文。濉溪酿酒作坊主可以通过此道外运美酒。

津浦铁路又称津浦线,是一条由天津通往南京浦口的铁路干线,全线于 1908 年 6 月(清光绪三十四年)开工建设,仅用时四年多,于 1912 年 11 月全线通车。津浦铁路在徐州与陇海铁路交会,在南京浦口通过轮渡过江,与沪宁线(今称京沪线南段)连接,是中国近现代铁路交通的南北重要干线。北起京奉铁路天津北站,途经沧州、德州、济南、泰安、兖州、滕州、临城、徐州、宿州、蚌埠、滁州等地,南至南京浦口站,正线全长 1013.830 千米,设站 85 个。

---

[1] 郦道元著,陈桥驿、叶光庭、叶扬译注:《水经注全译》,贵州人民出版社,2008 年,第 605 ~ 609 页。

通过水路陆路运输，濉溪酒行销全国各地。有一些酒坊商标也记了销售地点，如濉溪永源糟坊的商标记有"西关长丰街西路北、开设南京市珠江路"（图五）。在遗址中也出土了一些遗物反映商贸的往来，如绍明款的紫砂壶底、明星香水瓶以及陈寅生刻铜牌等。当时濉溪酒业贸易比较繁盛，成立了商会，在濉溪县前大街还有一处江南商会的旧址，并且有一块嘉庆二十一年（1816年）的《江南同仁堂碑记》。其文如下：

尝闻圣人以神道设教，欲益斯民，同德和义于得所依归，罔敢携贰，而受福无家也。吾辈占籍江南，谊属桑梓，寄居濉上，情逾乡邻，敬事关帝圣君，已数十年矣，尔时会首五家，轮流办祭，既又以各有营谋，恐缺敬事之仪，思得公所，上以妥神灵，下以效风好。故自嘉庆十年公同捐金三百，存贮会中，子母相槎，迄今十年有一载，加以历年各家诸捐，总计二千余金，因置公所一区名其堂曰同仁。议定每逢正月十三、五月十三日，两日祀神，又置河东高地六亩，为旅亲安厝之所，若欠有余资，则凡属善事，均可量力为之。诚恐日久年湮，渐至废弛，为此公议镌立碑记，谨将各名下捐款若干，以及出入金资至房屋各项支销，总数除岁公账五班轮值协办外，均详细胪列碑后，愿同心不懈，继事有人。用以昭处成之义，长亲睦之风云而。时嘉庆二十一年岁次丙子闰六月榖旦。

图五　永源酒坊商标

三　酒坊群遗址考古重要成果

濉溪因古濉河和溪河在此交会而得名，古城主体分布在老濉河西侧。明清时期的酒坊，一开始仅十余家，主要分布于濉溪的前大街和后大街。随着酿酒质量和名气的提升，清晚期至民国时期酒坊发展到72家（图六），主要沿古城两条东西向主干道分布。北部干道自东向西是后大街、书院街、善堂街、长丰街；南部干道自东向西是华胜街、永安街、永宁街和牌坊街，这条干道上的古建筑现在依然存在（图七、八）。

濉溪长丰街明清酿酒作坊群遗址发现于2018年9月，位于安徽省淮北市濉溪县老城北关沱河路北侧，在濉溪县北苑风景棚户区改造工程施工时发现。据文献记载，明朝至民国时期濉溪分布几十家酒坊，濉溪酿酒作坊遗址群主要沿濉溪县故城内后大街两侧分布，东至老濉河以东200米，西到西城门处，东西长约1500、南北长约200米，面积达30万平方米；前大街东西长约700、南北长约100米，面积达7万平方米。遗址总面积达37万平方米。濉溪长丰街明清酿酒作坊群遗址发掘项目于2019年3月报国家文物局，批准后（【考执字（2019）第（339）号】）进行发掘，同年发

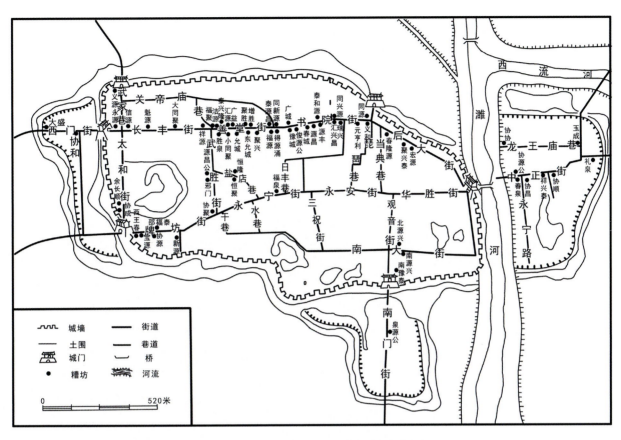

图六　濉溪民国时期 72 家酒坊分布图

图七　濉溪老城前大街（镜像东）

图八　濉溪老城前大街和后大街（镜像西）

掘面积 2000 多平方米，又清理 2018 年被县文物部门抢救清理的近 1000 平方米。2020 年 4 ～ 6 月，又在魁源坊前店部分清理了大约 600 平方米。前后清理面积 3700 多平方米。一共发掘 3 个区域，其中 2019 年发掘的大同聚坊和魁源坊为Ⅰ区，祥源坊为Ⅱ区，2020 年上半年发掘的魁源坊南部分遗迹为Ⅲ区。清理出 5 个蒸馏灶、1 个储水池、1 处制曲房、2 处晾堂、40 余处发酵池、4 口水井、10 余条排水沟、20 余处房址、3 条道路、100 余个灰坑，出土的酒坛、酒瓶、酒杯等遗物 900 余件。大致弄清了濉溪长丰街酿酒作坊工艺布局和流程。重要发现具体如下。

此次发掘共清理 3 个酒坊遗存，自东向西分别是祥源坊、大同聚坊和魁源坊（图九）。其中魁源坊保存最好，遗迹最丰富，酒坊制作流程最完整，主要有 1 个蒸馏灶、1 个储水池、1 处制曲房、1 处晾堂、20 余处发酵池、4 口水井、10 余条排水沟、20 余处房址。由于大同聚坊被破坏严重，仅清理出 3 个锅灶、1 处晾堂、1 口水井、15 处发酵池、1 条排水沟、10 余个灰坑，祥源坊多数被民房占压，因此清理的面积有限，仅清理出 1 个蒸馏灶的烟道部分、1 处房址、1 条道路、1 口水井、9 个灰坑。下面分别介绍 3 个酒坊的遗存分布情况。

（一）魁源坊

魁源坊内发现有 1 个蒸馏灶、1 个储水池、1 处制曲房、1 处晾堂、20 余处发酵池、1 口水井、10 余条排水沟、20 余处房址、3 条道路、90 余个灰坑。酿酒设施遗存主要集中在一个南北通透的厂墙内（图一〇）。

图九　大同聚坊和魁源坊遗址全貌（上北下南）

1. 蒸馏灶

蒸馏灶由操作间、火门、火塘和烟道组成。总长 6.6 米，火塘长 1.7 米，操作间由青砖石块混合砌筑成长方形，火门为长方形，火塘砖砌圆形，灶壁抹有一层三合土，已被烤红褐色，火塘内残存一个铁炉箅条。烟道为砖筑，较狭长且靠近火膛处狭窄，延伸至烟囱处则越来越宽，主要是为了延长炭火的停留时间、增加抽力、提高燃烧效率，烟囱已经不存在（图一一）。

2. 储水池

又称为冷凝池，紧靠蒸馏灶烟道的北部。平面呈圆形，尚存有铁锅，铁锅周边向上砌筑五层青砖，锅直径约 0.9、深约 1.0 米。储水池主要是承接蒸馏灶出的热水，水池壁西北角有一个出水孔连着一条南北向排水沟通向城外。该池主要是供工人洗漱或洗澡用的（图一二、一三）。

3. 发酵池

发现数量较多，且比较集中，形制多样，分为泥池、砖池、砖泥混筑池以及缸池，平面形状分圆形、长圆形、亚腰形、长方形等（图七～一〇）。有的窖池底部存有黄水坑。酒窖泥为青绿色，由于酵池富含大量有益菌和活化菌群，晒干后呈现红色、褐色和白色等（图一四～一八）。

图一〇　魁源坊厂房内的生产车间及两侧遗迹（上东下西）

4. 晾堂

分布于 I 区和 III 区内，用于配料、拌料、堆积和晾晒酒糟的场地。上层晾堂在蒸馏灶的南侧约
2 米处，三开间，长 5、宽 4 米。青砖铺地，发酵原料中又含有丰富的酸性物质，并且在拌料时木
铲的摩擦等原因导致地坪呈现凹凸不平的现象（图一九）。

5. 制曲房

紧靠发酵池区域东侧。房址平面呈长方形，石砌的地基，墙体较厚，厚度超过其他房址的墙体，
主要是便于保温。为了室内防潮，地面有经过火烤的痕迹。发掘暴露后经过太阳暴晒，地面呈现红
色与褐色的迹象。长 8.7、宽 4.9 米，墙体厚 0.78 ～ 0.8 米（图二〇）。这是魁源坊自己独立的制曲房，
疑似酿酒风味独特。

6. 其他房址

发现多处，地基保存基本完整，这些房址主要是围绕酿酒厂区建造，朝向多为朝南或朝东。有

图一一　魁源坊蒸馏灶及周边遗迹（上北下南）

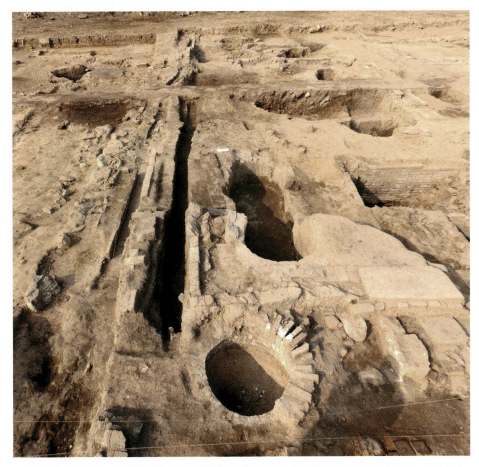

图一二　储水池及其排水沟（镜向北）

图一三　储水池（上北下南）

图一四　魁源坊内长圆发酵池和圆形发酵池近景（镜像南）

图一五　魁源坊内长圆形发酵池（镜向南）

图一六　发酵池富含霉菌的体现

图一七　两个圆形泥池（镜向东）

图一八　两个砖发酵池（上东下西）

图一九　魁源坊晾堂局部（镜向东北）

图二〇　魁源坊制曲房（上南下北）

的房址还带有院落，且地表散落有一些青花小酒杯，推测是待客品酒的空间。其他房址功能有仓库、酿酒车间、储酒房等（图二一、二二）。

7. 水井

1口，均为砖砌，井底用木料做基础，以上砖砌，上小底大。井外径大约1.75、内径0.6、深6.43米，靠近蒸馏灶位置，主要是便于取水。酿酒除粮食原料外，良好的水源也是重要因素之一。同时酒在冷凝时也需要大量流动水（图二三）。

2020年上半年发掘的Ⅲ区属于魁源坊的前店和后坊区域。Ⅲ区内发掘清理后发现有10处房址、6个发酵池、1条排水沟、1条道路（图二四）。下面介绍几处房址情况。

8. Ⅲ F1

平面呈长方形，长约9、宽约4米，面积约15平方米，仅存地基部分，墙体厚0.5米，均为石块堆砌而成；屋内地面保存完好，其中在房址内北侧有一小缸，埋于地下，疑似为米缸（图二五）。

9. Ⅲ F4

平面呈长方形，门朝西，长15.75、宽3.6米，房基破坏严重，基槽深0.9、宽0.75米；内部以青砖铺底，破坏严重，仅剩北部一小块；F4内共分9个层位，其中②层堆积为小麦堆积层，均为炭化的小麦，由此可见此处应为堆放粮食的仓库；西边有延伸的路面，以石板连接（图二六、二七）。

图二一　魁源坊内分布密集的房址（上西下东）

图二二　品酒房（上北下南）

图二三　水井（上北下南）

图二四　Ⅲ区遗迹分布航拍（上北下南）

图二五　Ⅲ F1（镜向西）

图二六　Ⅲ F4（上北下南）

图二七　Ⅲ F4 内残留的炭化小麦堆

（二）大同聚坊

大同聚坊位于 Ⅰ 发掘区的东侧，该坊是建设楼盘时最先破土动工区域，因此破坏较严重。该区域在 2018 年 9 月发现之初由当地文物部门进行了抢救性清理。2019 年正式发掘之后又重新进行了清理发掘，清理出 3 个锅灶、1 处晾堂、15 处发酵池、1 条排水沟、10 余个灰坑（图二八）。

1. 晾堂

位于发掘区中部偏南，后期破坏严重，仅残留部分墙基。方向 45°。残长约 3.8 米。南部被蒸灶（Z1）打破，北部叠压于 C29。平面呈长方形，南北向。四壁由石块、青砖垒砌而成，其中东壁保存稍好，其余墙壁破坏严重，房内北部地面存留少量铺地砖。南北长 7.8、东西宽 4、深约 0.7 米（图二九）。

2. 蒸馏灶（Z2）

位于发掘区南部，北部打破 F2，叠压于第 1 层下，正东西方向。是酿酒过程中原料蒸煮糊化和烤酒蒸馏的重要设施，用石块和砖块垒砌而成。由操作间、火门、火膛、烟道等部分组成（图三〇）。操作间位于东部，平面呈长方形，由青砖、石块垒砌而成，外长 2.2、宽 1.6 米，内长 1.4、宽 1.1 米，残高 1.4 米。操作间西为火门，平面呈窄长方形，长约 0.6、宽约 0.24 米。火门另一端为火膛，平面呈圆形，用红砖垒砌而成，内面砖较完整，外围基本为碎砖块，火膛中间南北向有一砖墙，将火膛内部一分为二，火膛外径约 2、内径约 1.2、高约 0.8 米，砖墙长 1.2、宽 0.14、残高 0.48 米。烟道位于最西部，长条形，烟道最西端平面呈椭圆形，侧壁由青砖垒砌而成，通长 2.74、宽 0.16～0.18、高 0.8 米。Z1 内用青砖铺底，内填灰褐色土，土质疏松，包含较多砖块、红烧土及黑灰痕迹。在蒸馏灶 Z2 的东部同时清理出两个并排的蒸馏灶 Z3 和 Z4（图三一）。

3. 发酵池

15 个。均呈长方形。其中 12 个酵池可分为两组，第一组为 C24～C29，位于发掘区中部，东西向并列三排，每个窖池间由砖墙相隔，池壁用青砖平砌而成，底部有铺地砖。东西总长 7.2、南北宽约 3.46、残高约 0.3 米。单个窖池长约 2.2、宽 1.5 米（图三二、三三）。可惜被建设施工时破坏得仅存底部。

图二八　大同聚坊发掘区域（上东下西）

图二九　大同聚坊晾堂（上东下西）

图三〇　大同聚坊蒸馏灶 Z2（上南下北）

图三一　大同聚坊双蒸馏灶 Z3（上）和 Z4（下）（上北下南）

图三二　大同聚坊内成组发酵池（上南下北）

图三三　大同聚坊发现的发酵池（上西下东）

（三）祥源坊

祥源坊位于发掘区的西北角，紧邻原濉溪古城墙北部，在龙脊山路西侧。发掘面积有限，仅清理发现1处房址、1处蒸馏灶的烟道部分和近18个灰坑（图三四～三六）。该房址毁坏之后成为一条道路。祥源坊的灰坑中出土大量的酒坛、酒坛盖和青花小酒杯。

3个酒坊遗存出土遗物900余件，出土大量的陶瓷片。按质地分有陶器、缸胎瓷、瓷器、紫砂器、玻璃器、铜器、骨器、铁器、石碑等，按器形分有酒坛、酒杯、酒瓶、酒盏、紫砂壶、香水瓶、骨簪、麻将、牌九、烟嘴、鼻烟壶、笔筒、建筑构件和石碑等，按照器物性质分为酿酒具、储酒器、饮酒器、生活用器、建筑构件等。出土大量的储酒器和饮酒器，主要是酒坛和青花小酒杯（图三七～四〇）。清代社会比较流行吸食烟草，吸食方式主要是用烟袋和鼻烟壶（图四一），尤其是烟袋嘴出土比较多。

遗址中除出土大量青花瓷器之外（图四二），彩绘瓷器是一大亮点，如"昌江珠山汪佩辉"款的粉彩瓷壶残片。在晚清民国时期在景德镇出现了珠山八友的制瓷艺术家。珠山八友当时的名称是"月圆会"，就是御窑厂停烧以后部分流落到民间的粉彩和瓷板画的高手。这里的"八友"分别是王琦、王大凡、汪野亭、邓碧珊、毕伯涛、何许人、程意亭、刘雨岑。其中江西人除外，王大凡、何许人和1904年出生的八友中最年轻的刘雨岑分别是安徽徽州黟县、徽州歙县和太平（今黄山市黄山区）

图三四　2019ⅡZ1（上东下西）

图三五　2019 Ⅱ F1（镜向西）

图三六　Ⅱ区发掘完毕航片（上东下西）

图三七　缸胎酒坛

图三八　釉陶酒坛盖

图三九　青花饮酒杯

图四〇　黑釉酒瓶

图四一　青釉鼻烟壶

人。汪佩辉也是当时晚清民国著名的制瓷大师（图四三）。

遗址中还出土大量的紫砂器，有自身壶盖和壶底，其中有的印"绍明"款（图四四）。萧绍明是清初制盆名家。萧绍明紫砂器造型设计多样，技术全面，制作工艺一流，盆壶都有传世。其每件作品都很工整，也说明他对自己的要求很严格。萧绍明盆型有正方飘口、长方直口、长方桥形、长方抽角云脚、长方上下线抚角、长方下带香炉角、椭圆蒲包口云脚等。所见款识有两种，"萧绍明制"和"绍明仿古"。

濉溪古城作为明清时期重要的行政区划，当时政治中心开始由宿州向濉溪转移，尤其是清代，行政长官更是常驻濉溪。《濉溪县志》中载："宿州州同、州判移驻徐溪（睢溪）口、临涣集。"雍正十年（1732年），清廷应皖抚程元章之请，移宿州州同驻徐溪口。清同治四年（1865年），在濉溪口设立凤颍分府（即"二府衙门"），衙署职权高于宿州。在遗址中出土一些建筑构件，如陶制鸱吻（图四五），还有几块石刻，有"广化社"碑、"大清乾隆二年"碑（图四六）。

这些器物既反映了酿酒的生产过程，又反映了酒坊负责人、生产者的社会生活状况，是不可多得的明清物质文化资料。

结合遗迹和器物综合判断，魁源坊是从清代中期至民国时期，大同聚坊是清代早期至民国时期，祥源坊是明代晚期至民国时期。

图四二　青花瓷盘（底款有"玩玉"二字）

图四三　"昌江珠山汪佩辉"款的
　　　　粉彩瓷壶残片

图四四　清初宜兴著名的
　　　　"绍明"款紫砂壶底

图四五　陶质鸱吻

图四六　大清乾隆贰年款碑刻

四　科技检测分析

　　科技检测主要是与中国科学院大学、中国科学技术大学和安徽口子酒业股份有限公司下属研究所等科研单位合作，对发酵池、曲房以及储水池等遗迹进行微生物的科技检测。中国科学院大学主要是通过蛋白质组学方法研究生物种属，发现许多与酒相关的酵母菌和真菌。比如芽孢杆菌在酿酒过程中发挥了诸多作用，除了降解淀粉和蛋白质等大分子以外，还参与乳酸、醋酸、丁酸、己酸、乳酸乙酯、己酸乙酯等有机酸和脂类的合成，是白酒不同香型、风味和口感的重要决定因素。中科大在窖泥检测中发现不动杆菌属、假单胞菌属、芽孢杆菌属、链霉菌属、放线菌属、类芽孢杆菌属等在现代酿酒过程中可见的细菌，此外还发现了假丝酵母属、曲霉属、枝孢霉属、红曲霉等与酿酒相关的真菌。

　　同时，采集的木炭也送到美国 BETA 实验室测年，测量的几个数据都落在了清代。

　　在濉溪进行民俗调查时，笔者了解酒坊中的酿酒工人分工明确，各工种都有专门的称呼。如学徒工称"相公"，买粮的称"下市"，看曲的称"曲领子"，酿酒师傅称"酒把式"，破碎工称"磨头"，收酒、勾兑酒的称"站缸"，会计称"先生"等。一家酒坊大约十人到二十几人不等。一个酒坊的产量也是根据发酵池的多少、粮食多少以及牲畜的多少来决定。魁源坊一共发掘 20 余发酵池，年产酒量可以达到约 4.4 万斤。通过对比可知魁源坊的产量算多的。清乾隆年间的宁阳县烧酒作坊 32 家，产量达 60 余万斤，每个作坊平均年产量为 18759 斤[1]。可见魁源坊的酿酒产量确实不少！

---

[1]　王兴亚：《清代北方五省酿酒业的发展》，《郑州大学学报（哲学社会科学版）》2000 年第 1 期。

五　酒坊群遗址发现的重要意义

　　濉溪长丰街明清酿酒作坊群遗址的发掘是安徽考古的一项重要考古新发现，也是一类新型遗址性质的历史遗存。2019 年 10 月 15 日，由安徽省文物局、安徽省文物考古研究所组织召开了"濉溪明清酿酒作坊遗址保护利用专家论证会"（图四七、四八），专家们首肯了该遗址的历史价值和意义。

　　（1）濉溪长丰街明清酿酒作坊群遗址分布面积是迄今发现全国最大的，发掘面积最大，比已

图四七　濉溪明清酿酒作坊遗址保护利用专家论证会现场

图四八　濉溪明清酿酒作坊遗址保护利用专家论证会现场

发掘的近十处酿酒遗址面积总和还要大。是安徽省首次经过科学考古发掘并获取大量酿酒流程设施的遗址，乃至华东地区首次考古新发现。早年间在华东地区发掘清理过安徽亳州古井酿酒遗存，但发现遗存较少，另外还有宿迁古代酿酒作坊遗址，但均是零星的发现，并没有濉溪酒坊群遗址的规模大，遗产要素全，所以濉溪酒坊群遗址的发现对研究酿酒工艺具有重要的考古价值和学术意义，填补了华东地区古代酿酒遗存的空白。

（2）濉溪长丰街酒坊群遗址发现酿酒制作工艺流程的设施齐全（图四九～五一），也是全国其他酒坊遗址所没有的现象。该遗址规模最大、保存最完整，较全面地反映了皖北乃至华东地区蒸

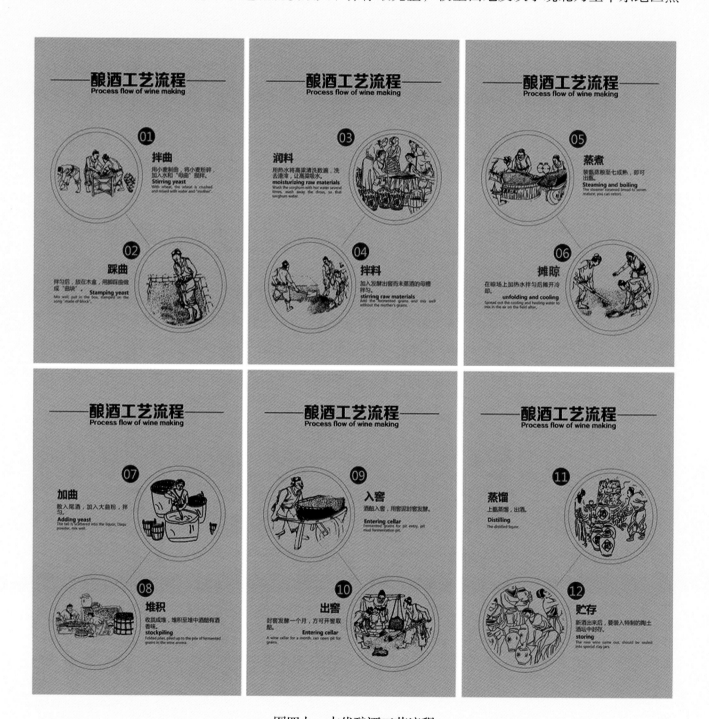

图四九　古代酿酒工艺流程

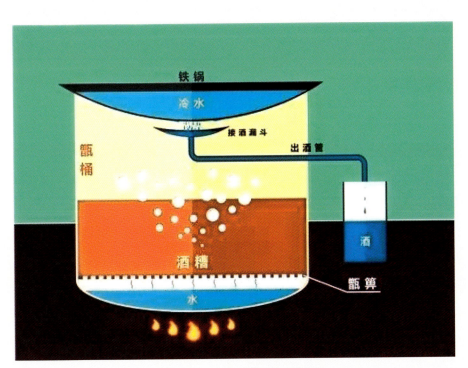

图五〇　古代蒸馏酒示意图

名称	水井街	李渡烧	剑南春	刘伶醉	泰安坊	红楼梦	宿迁酒	长丰街
年代	1999	2002	2003/2004	2005	2007/2008	2011	2011	2019
时代	明晚至清	元至清	清至民国	金至民国	明至清	明至清	明末清初	明晚至民国
面积	1700/280	15000/300	12万/800	5100/?	1000/500	3000/450	4000/500	37万/3000
遗迹　店铺址								●
陈酿区							●	●
蒸馏灶	●	●	●					●
晾堂	●	●		●	●	●		●
制曲房								●
发酵池	●	●		●				●
水井		●	●		●			●
储水池								●
排水沟		●	●					●
粮仓			●					●
居住址								●
房址	●	●		●				●
道路/车辙	●	●	●		●		●	●

图五一　考古发掘的古代酒坊遗存对比图

馏酒制作工艺发展的生态模式，这么完备的蒸馏酒制作生产体系全国稀有。尤其是同时发掘了5座蒸馏灶，清理的并排双蒸馏灶酿酒布局也是全国罕见！发掘位置与文献记载的酿酒作坊能够一一对应，分别是祥源坊、大同聚坊和魁源坊3个糟坊，增强了考古与历史文献的互证，提高了发掘的资料信息的可信度。

（3）酒坊聚落布局清晰，坊与坊之间的界线明晰，并且酿造区是集中在一个南北通透的厂房区内。酿酒流程对应的遗存格局比较清楚，分为蒸煮区（蒸馏区）、晾晒区、发酵区、制曲区等，是明清时期北方地区比较好的酿酒手工业遗存。发现的发酵池的种类多样，有砖窖、泥窖、砖泥混合窖以及缸窖等形式，窖泥丰富，并且有的窖池存在黄水坑。窖池富含多种菌群，潮湿的情况下易于发生霉变，而在太阳下暴晒干燥的情况下则呈现红色、白色等色彩形态。反映了发酵技术和酿酒工艺上的差别，同时也反映了酿酒香型和风味的不同，以适应不同的市场和消费群体。

（4）淮北的历史行政中心在相城，到两宋时期，渠沟镇的重要性凸显出来，在金元时期行政中心逐渐转移到濉溪镇，元代濉溪是北方一个名不见经传的小城，到了明代则发展迅速，聚集了明朝至民国几十家酿酒作坊遗址，约37万平方米。说明了当时酿酒业的发达，对于研究明代至民国时期北方酿酒轻工业发展有着重要的学术价值和意义。濉溪由一种酿酒传统工艺孕育一座城市，发育了一种地方特色。这对研究中国城市的形态和起源，同样有着重要的学术价值。

（5）濉溪地区酿酒传统悠久，汉代画像石中都有宴饮图，图中两人对坐于榻上，中间置六博棋局，旁边摆放酒奁和耳杯。魏晋时期的嵇康是濉溪铚县人，也是以饮酒著称。唐宋时期的运河中出土大量的酒器，如执壶和酒盏，并且运河中出土的北宋砖塔碑文也记载了设置酒税官征纳酒税。南宋开禧二年（1206年），官方在淮北渠沟设酒税官。元至正三年（1343年）在渠沟设立“酒监”以课酒税。明代任柔节以“隔壁千家醉，开坛十里香”的诗句赞美濉溪酒美飘香，说明濉溪的酒源远流长！濉溪酿酒作坊遗址群自明代晚期至民国，并且延续到现代，时代脉络比较清晰，传承有序，没有断层。

（6）“前店后坊”的酿酒格局发现主要集中在四川地区，在北方酿酒遗址中尚属首次发现，反映出当时皖北地区酿酒手工业生产和销售的模式。并且这种酿造、销售模式随着城市中心的发展也逐渐趋于全国统一化。这种“前店后坊”的生产销售模式是自北宋时期里坊制度被打破，街市逐渐开放的结果，是古代街市商业化的一种手工业生存运营模式。

（7）外销交通条件便利，有濉河水运、睢阳古道以及津浦铁路等，为濉溪酒外销创造了有利条件，濉溪酿酒业得到迅速发展，很快就出现了72家酒坊争雄的局面。大量濉溪酿酒外销到天津、南京、上海、江苏其他地区，如永源酒坊的分销商标写道“西关长丰街西路北，开设南京市珠江路”，体现了明清时期酒商品贸易流通的广泛性。

（8）出土遗物丰富，出土大量生活用具的器物，除青花瓷器外，有紫砂器和明星香水瓶，体现作坊主酒在外销时，从外地购买高档生活用品，反映了当时商人前卫的消费观念。也有酿酒、盛酒、品酒与饮酒相关的遗物，增加了酿酒遗址的文化内涵。出土遗物总体质量比较高，品位比较高档，说明濉溪本地酿酒作坊主的生活比较有品位和富裕。

六 结语

濉溪长丰街酒坊群遗址是在濉溪老城区进行的一次城市手工业考古发掘工作，所发掘出的遗迹主要是和酿酒相关的蒸馏灶、发酵池、房址、水井、排水沟等遗迹。还有大量反映酿酒、饮酒和居民生活的器具。

本图录主要根据器物特点分为三个部分。第一部分是酒具和酒器，细分为酿酒具、储酒器、盛酒器和饮酒器四种，主要有酿造时的破碎工具石碾和石磨、石锅甑底座、酒坛、酒壶、酒瓶和酒杯等。第二部分是生活用具，主要是按照质地分为瓷器、釉陶器、陶器、紫砂器、玉石器、琉璃玻璃器、铜器铁器、骨木贝器。第三部分主要是建筑构件，主要是鸱吻、抱鼓石等。

这些器物都是埋藏在酒坊遗址中的地层、房址、发酵池、灰坑和水井之中，是酒坊遗址现场的另一面的直接体现。通过这些器物可以反映当时酒坊主人、生产者、工人、销售者以及后来居住者的社会生活状况。这些瓷器中有一批带有文字的陶瓷器，如带"明绍"款的紫砂器、带"昌江珠山汪佩辉"款的粉彩瓷壶残片、带"玩玉"款的青花瓷盘等，主要来自于当时的瓷都景德镇以及紫砂圣地宜兴。这些中高档用器在酒坊遗址出土，是酒坊主人生活富足的直接体现。遗址中还出土一部分铁石质瓷，外底部印有绿色英文"IRON STONE CHINA\S.P.M.C\MARK"。铁石瓷器是一种在 19 世纪初期由英格兰斯塔福德郡的陶工开发的瓷器。他们试图开发一种可以大规模生产的瓷器替代品。1800 年，斯塔福德郡朗顿的兰恩德陶瓷厂的威廉·特纳首次成功制造出铁石瓷器。1805 年，特纳将专利卖给了斯托克顿的约西亚·斯波德二世，后者将他生产的浅灰色陶瓷产品命名为石瓷。1813 年，查尔斯·詹姆斯·梅森获得了制造"英国瓷器"的专利，这是一种白色的瓷器，他将其命名为梅森的铁石瓷器。这些产品通常是基于东方形状的餐具和花瓶，装饰有手绘的中国和日本图案，其中一些是通过转印印刷完成的。其生产时间大约是 1860 ~ 1900 年。这种瓷器当时产自英国和日本，这是清代末期与英国或日本交流的结果。

还有一些玉质、琉璃质烟袋嘴。清代吸食烟草非常普遍，从宫廷到市井，吸食烟草成为极普通的事情，所以方濬师在《蕉轩随录》中说："今世公卿士大夫，下逮舆隶、妇女，无不嗜烟草者。"当然，所谓"舆隶（轿夫）、妇女"的吸烟情况，我们很难见到具体的记载，如同其他社会生活的内容一样，见于记载的还是官员与士大夫阶层为多[1]。

遗址中出土 1 件完整的青釉印花鼻烟壶，该鼻烟壶的形制与湖南博物馆藏的一件蓝釉暗花鼻烟壶相同[2]。鼻烟壶是盛鼻烟的容器，小可手握，便于携带。明末清初鼻烟传入中国，成为朝廷官员、富人以及文人雅士较为常见的一种生活用品，其主要成分是在优质烟草末中加入麝香等名贵药材，在密封的蜡丸中陈化数年而形成，时人把它当作提神醒脑、活血防疫的保健之物。为了保持鼻烟的油性和味道，人们一般使用小巧玲珑、方便携带、密封性能良好的鼻烟壶来盛装[3]。吸鼻烟则与之完全不同。它无须点火和烟袋，只是把烟杂香物和花露研成细末，嗅入鼻中。清嘉庆朝宋咸熙《耐

---

[1] 潘洪钢：《清代的吸烟——从纪晓岚的大烟袋说起》，《民俗研究》2008 年第 2 期。

[2] 刘瑜：《长沙博物馆馆藏鼻烟壶赏析》，《湖南省博物馆馆刊（第十二辑）》，岳麓书社，2016 年，第 512 ~ 517 页。

[3] 李笙清、彭建、左易正：《秀逸隽永别有洞天——武汉博物馆藏清代鼻烟壶撷珍》，《文物鉴定与鉴赏》2012 年第 7 期。

冷谭》分析，壮者每天食盐不过一钱，可吸烟却费数文钱。

　　遗址中还出土一些文房用具，如砚台，有石质、瓷质，形制也比较多样。濉溪酒坊主人在发展工商业的同时也重视文化教育，在清代安徽比较关注经济和教育的并行发展，从后大街的书院街的名称可以窥见一斑。并且濉溪还建有古睢书院，清道光二十六年（1846 年），宿州分州赖以平就在分州衙署创建古睢书院，在地方劝捐 680 千文为经费。到了咸丰五年（1855 年），古睢书院遭兵燹毁废。同治十一年（1872 年），昭文（今常熟）人言南金来濉溪任凤颍同知，下车伊始便协同地方各界人士清理旧资，募集新捐，积极从事恢复书院工作。捐钱资助恢复书院的连同客籍人有各级官员，同时还有酒坊 11 家、粮行 4 家、京广杂货商号 10 多家等。共捐银 20 两，钱 836.4 千文。经过 5 年惨淡经营，古睢书院终于重兴。关于创办及重兴古睢书院经过，光绪三年（1877 年）言南金撰写的《重兴古睢书院记》碑文述之甚详。

　　总之，濉溪是由酒坊手工业发展起来的一座地方城市，酒坊手工业为其主要经济形态。由于经济地位的提高，税收增加，政治地位也相应提高，原来在宿州的行政中心也转移到濉溪城内。充分表明了濉溪在酒业发展以及其他实业发展中的经济地位。

陈　超

贰

图

版

一　酒具和酒器

1. 石磨盘 19SXB Ⅱ TG1 ① : 15

时代：清代

直径 34.4、厚 8.8 厘米

残。圆形，红砂岩，表面有数道扇叶状刻划条纹。

2. 石锅甑底座

时代：清代

残。石质，由几段"U"字形槽石块组成一个圆圈
作为锅甑的底座，现仅残留几段"U"字形槽。

3. 酿酒破碎工具

时代：清代

残。石质，主要是破碎粮食的工具，有石碾槽、石碾轮、石
磨盘、石臼等种类。采集于酒坊遗址和濉溪古城内。

4. 釉陶缸 19SXBT0502 ① ： 10

时代：清代

口径 106.8、残高 39、厚 4 厘米

残。缸残片。直口，方唇，平沿，外沿下有一圈凹槽，长直腹。口部有支烧痕迹。除口部内外施酱釉。浅砖红色夹砂胎，较粗糙。

5. 釉陶缸 19SXBT0502 ① ： 17

时代：清代

口径 52、残高 65.4、厚 3.4 厘米

残。缸残片。直口，方唇，平沿，外沿下有一圈凹槽，长直腹。口部有支烧痕迹。除口部内外施酱釉。浅砖红色夹砂胎，较粗糙。

6. 釉陶酒坛 19SXB Ⅱ H2 ① : 4

时代：明代

腹径 45、底径 15、残高 43 厘米

残。无口沿，整体呈下窄上宽形，外侧腹部有三道凸弦纹，
有轮制痕迹。砖红色胎质，较细腻致密。

7. 釉陶酒坛 19SXB Ⅱ H2 ① ：9

时代：明代

腹径 41、底径 18、残高 43 厘米

残。长弧腹，平底内凹。有轮制痕迹。器身有三道凸棱，并粘有特殊物质的封泥。砖红色胎，较粗糙。

8. 釉陶器盖 19SXBH63 ① ：1

时代：清代

直径 8.9、高 3.5 厘米

残。子母口，宽平沿，弧顶，顶部中间横卧有一圆柱形纽，盖中一条凸弦纹，弦纹底下一圈凸几何纹饰。外施满茶叶末釉，内未施满茶叶末釉，且施釉不均匀。有飞釉、流釉现象，通体有窑渣、土沁粘连。灰黑色胎体，较致密。

9. 釉陶器盖 19SXBH63 ① ：3

时代：清代

直径 8.9、高 2.9 厘米

圆形，中部有鼓包形隆起，顶端有乳丁。装饰性圆形脊线隆起，鼓起侧壁处有八个浅乳丁形凸起装饰。盖面施茶叶末釉，有部分脱釉现象，盖底未施釉，制造工艺粗糙。浅灰色胎质，胎质较粗。

10. 釉陶器盖 19SXBF15 ② ：1

时代：清代

口径 9、底径 6.6、高 3.1 厘米

子母口微敛，宽平沿，弧顶。外顶模印五朵梅花纹饰，器内有指纹印。外施茶叶末釉不均匀，内无釉。灰色胎质，较粗糙。

11. 釉陶器盖 20SXB Ⅲ T0201 ④：5

时代：清代

口径 7.7、高 3.5 厘米

子母口，子口内倾，尖圆唇，平沿，内为圆顶。宝盖顶，中心有一小圆纽，其外有一圈凸棱。黑胎，胎质粗糙。

12. 釉陶器盖 19SXB Ⅱ区 TG1 ①：5

时代：民国

口径 10.8、高 2.4 厘米

残。子母口微敛，宽平沿，弧顶。顶上有花卉纹饰，外施一层茶叶末釉，已脱落，内无釉。灰色胎质，较致密。

13. 釉陶器盖 19SXBH66 ③：1

时代：民国

直径 8.85、高 3 厘米

残。子母口，弧顶。顶上饰有密集旋纹饰，有黑点，裂痕，釉面不均匀，内部有大量黑点。外施满茶叶末釉，内部未施釉。灰色胎，胎质较粗糙。

14. 釉陶器盖 19SXBT0502 ①：5

时代：民国

口径 9、高 3.1 厘米

子母口微敛，宽平沿，弧顶。外顶有旋转放射状花卉纹饰，外施茶叶末釉，有脱落，内无釉。灰色胎，较粗糙。

15. 绿釉壶 19SXBH60⑫：5

时代：明代

口径 5.9、底径 6.6、高 11.5 厘米

残。肩部残留一段壶柄，壶嘴无存。盘口，束颈，斜肩，微弧腹，平底。内施釉至口沿下，外施釉至靠近壶底部位，有窑变。灰色胎，胎质细腻。

16. 低温酱釉酒壶口 19SXB Ⅲ C3 ④：3

时代：清代

口径 3.6、残高 3.5 厘米

残。现存一小酒杯形器口。束颈，鼓肩。外施
满酱釉。砖红色胎质，较疏松。

17. 酱釉酒壶 19SXBT0501 ③：4

时代：民国

底径 7.4、残高 9.9 厘米

残。口无。近球形壶身，鼓肩、微直腹，隐圈足。
器身上有凹凸状轮痕，顶部有系残断，上腹部有一
长流上扬，头部微弯，呈鸭嘴状，切口平整。外部
施酱釉至半腹部。酱红色胎质，较粗糙。

18. 黑釉扁瓶 19SXB Ⅱ区 TG1 ①：35

时代：明代

口径 7.6、残高 7.2 厘米

残。盂口，圆唇，束颈，鼓肩，弧腹，肩部装对称横鋬半环状双耳。瓶身纹饰残缺，可辨纹饰是海水、龙纹和鱼纹。灰白色胎，较细腻致密。

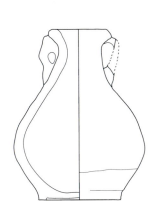

0　　　　　　6厘米

19. 黑釉双系瓶 19SXBT0501 ③：5

时代：明代

口径 3.4、底径 4.4、高 8.9 厘米

残。小口，圆唇，卷沿，束颈，溜肩，双系，垂鼓腹，
浅圈足。底部各有大小 3 个支钉痕迹。外部施黑釉
至下腹，内部口沿施黑釉。灰褐胎，胎质较细。

20. 青瓷杯 19SXBH125 ： 2

时代：清代

口径 9.4、底径 3.6、高 4.6 厘米

残。敞口，圆唇，弧腹，圈足，足跟有旋削痕，挖足过肩。外底心有蓝色款识押印。口沿和足跟有浅色火石红。内外满施淡青釉。白色胎，较细腻致密。

21. 青瓷杯 19SXBH125 ： 4

时代：清代

口径 4.8、底径 2.4、高 2.7 厘米

残。敞口，平唇微外凸，斜弧腹，圈足，挖足过肩，足墙内倾，削足。口部和足跟处皆有浅火石红痕迹，杯底有窑渣粘连现象。通体施透明釉，内外壁皆有漏釉、积釉现象，白色胎，局部有棕眼。

22. 青瓷杯 19SXBT0303 ① : 2

时代：清代

口径 4.6、底径 2.4、高 2.7 厘米

敞口，方圆唇，酱口，斜弧腹，圈足，外足墙内倾，足跟露胎，外侧斜削。内底一青花点彩，外底押印，露胎处带火石红色。外施青釉，内施淡蓝色釉。灰白胎，胎质细腻致密。

23. 青瓷杯 20SXB Ⅲ T0201 ① ：9

时代：清代

口径 9.2、底径 3.8、高 5.3 厘米

残。敞口，方唇，芒口，弧腹，圈足，外墙内倾，足跟外侧斜削。足底有一青花画押，青花发色较亮。通体施透明釉。白胎，细腻致密。

24. 青瓷杯 20SXB Ⅲ T0201 ① ：38

时代：清代

口径 9.6、底径 4.3、高 5.6 厘米

残。敞口微撇，方唇，芒口，弧腹，圈足，挖足过肩，足端外侧斜削、露胎。足底有青花画押。通体施透明釉，外部釉层较厚。白胎，较细腻致密。

25. 青瓷杯 20SXB Ⅲ F4 ：1

时代：清代

口径 9.2、底径 4.4、高 5.5 厘米

残。敞口，圆唇，弧腹，圈足，足跟斜削，有
火石红。外底有蓝色"春"字样。内外满施青釉。
灰白色胎，较细腻致密。

26. 青瓷杯 19SXBH126 ⑥：1

时代：清代

口径 9.4、底径 4、高 5.8 厘米

残。敞口，圆唇，深弧腹，圈足，足跟斜削。外侧腹部
有对称六个小孔，应为锔孔。圈足底残留半个画押款识。
内外满施透明釉。白色胎，较细腻致密。

27. 白瓷杯 19SXB Ⅲ C1 ① : 2

时代：清代

口径 4.1、底径 1.8、高 2.3 厘米

敞口，方唇，弧腹，圈足，足跟微斜，外足墙微外撇。
施白色化妆土。内施透明釉，口沿处有脱落现象，
外施透明釉至下腹部，釉面有小开片，有积釉现象。
浅黄色胎，较致密。

28. 白瓷杯 19SXBZ1 操作间③：2

时代：清代

口径 4.7、底径 1.8、高 1.9 厘米

侈口，圆唇，弧腹，圈足，足跟不规整。内满施白釉，外未施满釉，有流釉、积釉现象。青灰色胎，较粗糙。

29. 白瓷杯 19SXBT0601④：4

时代：清代

口径 3.9、底径 1.8、残高 1.7 厘米

残。敞口，凸唇，深弧腹，浅圈足。内施满白釉，有少量窑渣粘连，碗底有小开片，外施釉至口沿下，有流釉现象。灰白色胎，胎质细腻。

30. 白瓷杯 19SXBT0701 ③：1

时代：清代

残宽 4.8、残高 4.5 厘米

残。弧腹，圈足。外侧腹部葵花瓣形制，且有一残缺把根粘连。内底有支钉痕。施白色化妆土。内满施米黄釉，外圈足跟未施釉，釉面有小开片。黄褐色胎质，较致密。

31. 白瓷杯 20SXB Ⅲ T0101 ②：8

时代：民国

口径 4.6、底径 2、高 2.6 厘米

敞口，圆唇，弧腹，圈足，外墙内倾。施白色化妆土，通体施透明釉。黄褐胎，胎质细腻致密。

32. 白瓷杯 19SXB Ⅲ T0101 ① : 7

时代：民国

口径 5、底径 1.8、高 2.3 厘米

敞口，尖唇，斜弧腹，圈足浅，足跟圆钝，足底有鸡心突。器表有较多斑点。施白色化妆土，内施透明釉，外施釉至口沿。灰胎，胎质较粗。

33. 白瓷杯 19SXBT0301 ① : 7

时代：民国

口径 4.5、底径 2、高 2.6 厘米

残。敞口，凸唇，深弧腹，圈足。外有窑粘。施白釉，外底局部无釉。黄褐胎。

34. 白瓷杯 19SXBT0502 ①：3

时代：民国

口径 3.8、底径 1.8、高 2.5 厘米

敞口，方唇，弧腹，圈足。圈足足跟旋削并微斜，外足墙微内收。内底有一小凸点。釉下施白色化妆土。口沿处和外底无釉，内施透明釉，除口沿外施透明釉至下腹部，釉面有小开片，有积釉现象。浅黄色胎，较致密。

35. 白瓷杯 19SXBT0302 ① : 2

时代：民国

口径 4.2、底径 1.8、高 2.4 厘米

残。杯体开裂。敞口，圆唇，弧腹，圈足。
灰白釉。黄褐胎。

36. 白釉彩绘杯 19SXB Ⅲ T0102 ① : 1

时代：民国

口径 4.4、底径 1.8、高 2.8 厘米

残。敞口，圆唇，斜直腹，圈足，圈足不规整。外
腹部绘兰草花纹装饰，通体施透明釉，有积釉现象。
白色胎质，胎质较细。

37. 白釉彩绘杯 19SXB Ⅲ T0101 ① : 9

时代：民国

口径 4.6、底径 2.9、高 3.6 厘米

残。敞口，圆唇，弧腹微束，圈足较浅，外墙内倾。外腹部有五彩缠枝纹。通体施白釉，足端无釉。白胎，胎质细腻致密。

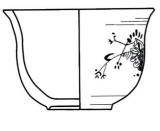

0   3 厘米

38. 白釉彩绘杯 19SXBT0502 ① : 7

时代：民国

口径 4.2、底径 1.8、高 2.7 厘米

残。敞口，方圆唇，弧腹，圈足，外底有黏接痕。外腹部有一处青花花卉纹。内外施满透明釉。白色胎，较致密。

39. 白釉彩绘杯 19SXB Ⅲ T0101 ① ：8

时代：民国

口径 10、底径 4.4、高 5.6 厘米

残。敞口，圆唇，弧腹下折，圈足，足墙较窄。外腹部有"太昌弌"文字。通体施透明釉。白胎，胎质细腻致密。

40. 白釉彩绘杯 19SXB Ⅲ C2 ④ ：3

时代：民国

口径 7、底径 3、高 5.8 厘米

残。敞口，圆唇，弧腹，卧足。杯外侧绘有彩色花卉纹饰。腹部中间有一残缺把手。内外满施白釉。白色胎，较细腻致密。

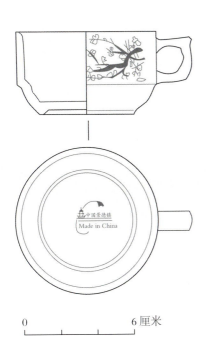

41. 白釉彩绘杯 19SXBT0801 ① ：4

时代：近代

口径 7.6、底径 5.2、高 4.4 厘米

外形似咖啡杯。直口，圆唇，直腹，卧足。带把手。外侧表面有梅花纹饰，并且有印款，足底有"中国景德镇、Made in China、塔"等字样及纹饰。内外满施白釉。

0   6 厘米

42. 青花杯 19SXBT0203 ① ：1

时代：明代

口径 4.6、底径 1.8、高 2.5 厘米

敞口，方唇，斜平沿，深弧腹，圈足。挖足过肩，内足墙
微斜，足底有旋削痕。内有 1 处青花点彩，外有大量青花
不规则青花点彩，口沿和足底均有火石红。内施满透明釉，
外施透明釉至足跟，外底黏有釉。白色胎，较致密。

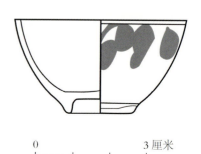

0   3 厘米

43. 青花杯 19SXBT0303 ① ∶ 1

时代：明代

口径 4.9、底径 2.3、高 3 厘米

敞口，方尖唇，深弧腹，圈足，外墙内倾，足跟露胎。内底有青花点彩，外壁饰简笔鱼藻纹，青花发色浓淡不一，色调较暗。口沿和外底有火石红色。通体施淡蓝色釉，外底局部无釉。白色胎。

44. 青花杯 19SXBT0102 ①：1

时代：明代

口径 4.8、底径 2.5、高 3 厘米

敞口，方唇，深弧腹，圈足。内底有一点状青花，器身外一周分布有点状青花。口沿和底部有火石红色。除足底和杯沿施酱色釉以外满施青釉，釉面有开片。有积釉现象。灰白胎。

45. 青花杯 19SXBH8：1

时代：明代

口径 4.6、底径 2.4、高 2.4 厘米

残。敞口，圆唇，弧腹，圈足，足跟有旋削痕。
内底一处青花点彩，口沿处有火石红。外腹有分
布青花不规则点彩。内施满透明釉，外施透明釉
至足跟，外底黏有釉。白色胎，较致密。

46. 青花杯 19SXBT0502 ①：6

时代：明代

口径 4.5、底径 2、高 2.7 厘米

敞口，方唇，弧腹，圈足，足墙内收，修足不规整。内底有一处青花点彩，外有大量青花不规则点彩。内外施满透明釉，外有积釉，口沿部刮釉有火石红，圈足无釉，有少量火石红。白色胎，较致密。

47. 青花杯 19SXB Ⅱ TG1 ①：31

时代：明代

口径 5.6、底径 2.6、高 2.8 厘米

残。敞口，方唇，弧腹，圈足，挖足过肩，足脊微斜，外足墙外撇，足跟有火石红。饰有青花点彩，腹部饰有不规则深浅大小不一的青花点彩。内施满透明釉，外施透明釉至足跟。白色胎，较致密。

48. 青花杯 19SXBF2 ③：1

时代：明代

口径 4.7、底径 2、高 2.5 厘米

敞口，平唇，弧直腹，圈足，挖足过肩，足端外斜削，足跟有火石红。口沿有火石红，内底有一片深蓝色青花纹饰。外口沿及下部饰有大小不一的点状纹饰，器身表面有气孔、麻点。内施满透明釉，外施釉至圈足外。灰白胎，胎质细腻。

49. 青花杯 19SXB Ⅱ TG1 ①：38

时代：明代

口径 4.55、底径 2.35、高 2.65 厘米

残。敞口，平唇，弧腹，圈足，足跟旋削，足跟和外底有火石红。口沿处有火石红。内底饰有一个深蓝色青花点状纹饰，周围布满深蓝色青花点状纹饰。内满施透明釉，外施釉至圈足底部。灰色胎质，较细腻致密。

50. 青花杯 19SXBT0201③：1

时代：清代

口径 4.4、底径 2.2、高 2.4 厘米

残。敞口，方唇，芒口，斜直腹，圈足，外墙内倾，足端单侧斜削，足上杂有火石红。外口部有灰蓝色青花点彩纹饰，器表有较多斑点。通体施透明釉。灰胎，胎质较细。

51. 青花杯 19SXBT0102②：2

时代：清代

口径 9.2、底径 3.8、高 5 厘米

敞口，弧腹，圈足，足墙两面斜削，足跟部有火石红。器外绘制两层纹饰，第一层靠近口沿处，等距分布花草；第二层靠近下腹部，为连枝花卉，该组合纹饰为莲花八宝纹。满施透明釉，有积釉现象。白胎。

52. 青花杯 19SXBT0402 ④：1

时代：清代

口径 4.8、底径 2.5、高 2.5 厘米

残。敞口，方唇，弧腹，圈足，有旋削痕。内有 1 处青花点彩，口沿上有黏接痕迹，外有大量青花不规则点彩。口沿无釉，外足跟有旋削痕，有火石红。内外施透明釉至足跟，外底无釉。白色胎，较致密。

53. 青花杯 19SXBT0303②：4

时代：清代

口径 4.8、底径 2.2、高 3 厘米

敞口，方尖唇，深弧腹，圈足，外墙内倾，足端圆钝。
内底及口沿处有少量青花点彩，外壁饰青花点彩，
青花发色浓淡不一，总体呈墨蓝色。口沿和外底部
有火石红。通体施透明釉不及底。白色胎。

54. 青花杯 19SXBT0502 ①：8

时代：清代

口径 4.6、底径 2.6、高 2.5 厘米

敞口，方唇，弧腹，圈足。内施满透明釉，中心有1处青花点彩，口沿上有黏接痕迹，外施透明釉至足底，外有大量青花不规则点彩，足跟处有裂痕。内有窑粘，外有轮痕。白色胎，较致密。

55. 青花杯 19SXBT0201 ③：3

时代：清代

口径 5.6、底径 2.7、高 3.2 厘米

残。敞口，圆唇，芒口，深弧腹，圈足较浅，足端露胎，内底微凸。外腹部有青花简体菊花纹饰。通体施透明釉，露胎处带火石红色。白胎，胎质细腻致密。

56. 青花杯 19SXBT0503 ④：4

时代：清代

口径 7、底径 3、残高 3.6 厘米

残。敞口，圆唇，弧腹，圈足，足墙外弧，足跟无釉，呈泥鳅背状。器身内外绘制一只凤鸟纹，内外纹饰相连，栩栩如生。外足底一圈弦纹，其内有青花纹饰，因残缺不可辨认，青花发色较亮。通体施透明釉。白胎，较细腻致密。

0   3厘米

57. 青花杯 19SXBT0601 ② ：8

时代：清代

口径 5.8、底径 2.5、残高 3.7 厘米

残。撇口，圆唇，弧腹，圈足，足跟斜削无釉。外口沿处饰有带状青花纹饰，器身绘有青花花卉，青花料汇集处较黑，外圈足肩部饰有单圈蓝色弦纹。内外施满白釉。白色胎，胎质细腻。

58. 青花杯 19SXBT0701 ③：8

时代：清代

口径 8.9、底径 2.8、高 5.6 厘米

残。敞口，圆唇，弧直腹，圈足，挖足过肩。足跟有刮削迹象，有火石红。内底部饰有青花花卉。外口沿及器身饰有青龙纹及几朵云纹饰。圈足足端斜削，底部饰有双圈青花弦纹，中心绘有方形简笔款识。内外施满透明釉。灰白色胎，胎质细腻致密。

59. 青花杯 19SXBT0701 ③： 10

时代：清代

口径 5.8、底径 2.4、高 2.8 厘米

残。撇口，圆唇，斜直腹，圈足，挖足过肩，足底未施釉，有火石红。外侧口沿下及圈足有青花色单圈弦纹装饰。内外满施透明釉。白色胎质，较细腻致密。

60. 青花杯 19SXBT0701 ③： 10

时代：清代

口径 5.8、底径 2.4、高 2.8 厘米

残。撇口，圆唇，斜直腹，圈足，挖足过肩，足底未施釉，有火石红。外侧口沿下及圈足有青花色单圈弦纹装饰。内外满施透明釉。白色胎质，较细腻致密。

61. 青花杯 19SXBH124①：3

时代： 清代

口径 4.8、底径 2.1、高 2.5 厘米

残。敞口，平唇，弧腹，圈足。内足墙有刮削痕迹且足跟不规整，有浅色火石红。内底中间有一青花点状纹饰。外中上腹部均匀分布一圈青花点状纹饰。内外满施透明釉，外底无釉，釉面有小开片。白色胎，较细腻致密。

62. 青花杯底 19SXBH27：3

时代： 清代

底径 4.7、残高 1.7 厘米

残。弧腹，圈足，足墙微外撇，足跟旋削。外底有单圈弦纹，饰有深蓝色"大明成化年制"字样。内外施满透明釉。白色胎，较致密。

63. 青花杯 19SXBH124②：2

时代：清代

口径 4.7、底径 2.2、高 2.6 厘米

残。敞口，方唇，弧腹，圈足，足跟旋削，有火石红。内底有 1 处深蓝色青花点彩。口沿无釉处有火石红，外有大量青花不规则点彩。外施透明釉至足底，有积釉、漏釉现象。白色胎，较致密。

64. 青花杯 19SXB II TG1 ① : 13

时代：清代

口径 4.2、底径 2.2、高 2.5 厘米

残。敞口，平唇，弧腹，圈足，足跟旋削，有火石红。
内底有青花色点状纹饰。中上腹部有一圈均匀的青花
点状纹饰装饰。内施满透明釉，外施釉至圈足底，有
漏釉现象。灰白色胎，较致密。

65. 青花杯 19SXBF1JC4 ： 2

时代：清代

口径 4.6、底径 2.4、高 2.8 厘米

敞口，平唇，弧腹，圈足，足底未施釉，有旋削痕。内底有一点青花点彩，外侧口沿下有一圈蓝色点状纹饰。通体有微瑕疵。内满施透明釉，外施釉至圈足。灰白胎。

66. 青花杯 19SXB Ⅱ H2 ① : 7

时代：清代

口径 4.9、底径 2.15、高 2.8 厘米

残。侈口，平唇，斜直腹，圈足，内足墙有旋削痕，足跟有火石红。内底心点蓝色青花装饰，伴有窑粘，外壁点青花及青花装饰线，圈足多处磕碰，通体施透明釉，遍布冰裂纹，足肩有积釉，圈足内未施釉，外底心有鸡心凸。口沿有火石红。白色胎，胎质细腻。

67. 青花杯 19SXB Ⅱ TG1 ① : 4

时代：清代

口径 4.6、底径 2.2、高 3 厘米

残。敞口，平唇，弧腹，圈足，足跟和外底有火石红。口沿处有火石红。内底有一个青花点装饰。碗外中上腹部有成组的青花点装饰，中下腹部四个凹点装饰。内外施满透明釉。白色胎，较致密。

68. 红釉杯 20SXB Ⅲ T0101 ② : 36

时代：民国

残口径 4.1、高 3.2 厘米

残。花口，平沿，深腹，竖折腹圈足。外壁有白色兰草花纹，内部有小坑洼，有少量土沁。内外施釉到底，外壁施红釉，内壁施白釉。白胎偏青，胎体轻薄。

69. 蓝釉杯 19SXBT0102 ①：3

时代：明代

口径 5.6、底径 2.5、高 3.1 厘米

残。侈口，圈足，弧腹，足墙两面斜削，足墙
厚。外部为蓝色釉，杯内施青灰釉。

70. 蓝釉杯 19SXBH60⑫：2

时代：明代

口径 5.3、底径 2.1、高 2.8 厘米

残。敞口，圆唇，弧腹，圈足，挖足过肩，足跟斜削宽窄不一，底部有少量窑渣黏连。内施淡蓝色釉，外施深蓝色釉，釉面均匀光亮。灰白色胎，胎质细腻。

71. 蓝釉杯 20SXB Ⅲ T0101 ③：1

时代：清代

口径4、底径2.2、高2.8厘米

敞口，圆唇外凸，弧腹，圈足，外墙微内倾，足
端削平，足跟黏有支钉。内施白色釉，外施蓝色
釉，有积釉现象。灰胎，胎质较细。

72. 蓝釉杯 20SXB Ⅲ T0101 ⑤：5

时代：清代

口径 4.2、底径 2.1、高 2.5 厘米

敞口，圆唇微外凸，弧腹，圈足，足墙微内倾，足端削平。内施白色釉，有蓝斑，外施蓝色釉，有积釉现象。白色胎，胎质较细。

73. 蓝釉杯 20SXB Ⅲ T0101 ⑤：5

时代：清代

口径 4.2、底径 2.1、高 2.5 厘米

敞口，圆唇微外凸，弧腹，圈足，足墙微内倾，足端削平。内施白色釉，有蓝斑，外施蓝色釉，有积釉现象。白色胎，胎质较细。

74. 釉陶杯 19SXBT0203 ④：1

时代：清代

口径 5、底径 3、高 2.1 厘米

残。撇口，尖唇，深弧腹，平底。施白色化妆土不及底，
其上施绿釉，脱釉严重。砖红色胎。

二　生活用具

75. 青瓷碗 19SXBH61：1

时代：清代

口径 9.6、底径 4、高 5.4 厘米

残。敞口，平唇，弧腹，圈足，足端斜削，少量窑渣黏
连。器内饰有"十"字状图案，外底心饰有简笔款识押
印。内外施满透明釉，内部釉色较浅，有气泡和棕眼，
釉面均匀光亮。白色胎，胎质细腻。

76. 青瓷碗底 19SXBH126 ④：4

时代：清代

底径 4.3、残高 4.1 厘米

残。弧腹，圈足，足跟有刮釉现象。外底有方形带章款。内外施满透明釉，釉面有小开片。白色胎，较致密。

77. 青白瓷碗 19SXBT0302 ② : 3

时代：清代

口径 11.8、底径 5、高 6 厘米

残。敞口，方圆唇，芒口，弧腹，圈足外侧斜削，足端不平，黏连有砂点，足心微下凸。通体施青白釉，表面有棕眼及土沁。灰白胎，胎质细腻致密。

78. 白瓷碗 19SXBC15 ① : 1

时代：清代

口径 16、底径 6、高 6.6 厘米

残。敞口，圆唇，弧腹，底残。施白色化妆土，内外有轮痕，有土沁。内有涩圈，涩圈宽约 1.3 厘米，除涩圈外内施满透明釉，外施透明釉至下腹部。浅灰色胎，较致密。

79. 白瓷碗 19SXB Ⅲ C2 ④ ： 2

时代：清代

口径 6.2、底径 5.8、高 5 厘米

残。撇口，圆唇，弧腹，浅圈足，圈足底部旋削。
器身及圈足上有少量窑渣粘连，有明显轮痕。施白
色化妆土。内施满透明釉，釉色不均，釉面粗糙，
少许绿色作为装饰，外施釉至口沿处，有流釉现象。
砖红色胎，胎质粗糙。

80. 白瓷碗 19SXBC18 ④：4

时代：民国

口径 15.8、底径 5.8、高 5.3 厘米

残。敞口，圆唇，弧腹，圈足，内有窑粘，足脊微斜，外足墙外撇。内有涩圈，涩圈宽 0.9 厘米，内底中间饰有不规则绿彩点缀，外口沿下有蓝色深浅不一的双圈弦纹，外腹饰有不规则红绿彩点缀。施白色化妆土。除涩圈外内施白釉，外施白釉至足跟，釉面有小开片。浅黄色胎，较致密。

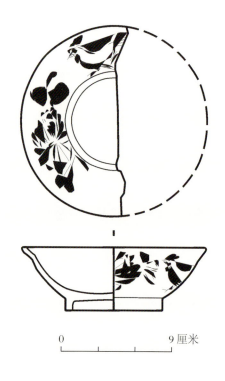

81. 白釉彩绘碗 19SXBG9：1

时代：民国

口径 15、底径 8、高 5 厘米

残。撇口，圆唇，斜弧腹，圈足，足墙外撇，足跟旋削。
外腹部有间隔均匀的下凹，器身绘有釉上粉彩花卉，绿
彩植物及蝴蝶，黑彩及黄彩相间绘制的公鸡，形象生动。
内外施满透明釉。灰白色胎，胎质细腻。

0   9 厘米

0   9 厘米

82. 白釉红彩描金碗 19SXB Ⅱ TG1 ①：36

时代：民国

口径 12、底径 3.2、高 6.2 厘米

残。敞口，圆唇，弧腹，圈足，挖足过肩。外饰有红彩描金梅花纹饰，圈足底部有方形青花款识，可辨为"常连云昌制"。内外均施满透明釉，釉面均匀光亮。白色胎，胎质细腻。

83. 粉彩瓷碗 19SXBH51 ： 1

时代：民国

口径 8.4、底径 3.8、高 3 厘米

残。侈口，尖圆唇，浅弧腹，圈足。足墙直立，削
足。外腹部彩绘"竹兰菊"花卉纹装饰，"兰竹"
残缺不全，外底心绘朱色"盘肠"纹，残缺不全。
通体施透明釉。白色胎，胎质较细。

84. 粉彩花卉纹碗 20SXB Ⅲ T0201 ① ： 10

时代：清代

口径 15.8、底径 6.4、高 5.6 厘米

残。敞口，圆唇，斜弧腹，圈足，足墙窄、垂直、露胎，露胎处呈火石红色。外壁施粉彩花果、双泉纹，内底饰团形花叶纹，外底有红色同治年制款。通体施透明釉。白色胎，细腻致密。

85. 白釉红绿彩碗 19SXBT0601 ② ：4

时代：民国

口径 15.6、底径 5.5、高 4.9 厘米

残。敞口，圆唇，弧腹，圈足，足墙微外撇，足跟斜削，足底旋削。施白色化妆土。内有涩圈，内底饰有釉下绿彩纹饰。口沿外下有双圈蓝色弦纹，其下饰有釉下粉彩，绿彩。内外施透明釉，外底无釉。黄褐色胎，胎质较粗糙。

86. 白釉红彩碗 19SXBC14 ③ ：1

时代：民国

底径 6.4、残高 2.7 厘米

残。仅存腹部和碗底。圈足，内外满施白釉，内侧底部有许多麻点，外侧圈足上部残缺有红色纹饰，圈足底有红色"邵義昌造"款识。施透明釉，有流釉、积釉现象。灰白色胎质，较致密。

87. 白釉红彩碗 19SXBC14 ③：5

时代：民国

口径 11.4、底径 5、高 6 厘米

撇口，圆唇，弧腹，圈足，足墙内收，足跟斜削，有浅火石红。器身外施红色疑是大小两狮子，较为粗犷，但眼睛绘制尤为传神。饰有黑彩"太师少保"字样，碗底饰有红色菱形款识，内印有"刘源造"。内施满透明釉。灰白色胎，胎质细腻。

88. 红釉碗 19SXBH47：5

时代：清代

口径 10、底径 4.9、高 5.7 厘米

残。撇口，圆唇，弧腹，圈足，底部有 3 个支钉痕。施白色化妆土。内满施透明釉，釉面有小开片，外施满红釉，碗身有小凹点。白色胎质，较细腻致密。

89. 红釉碗 19SXBT0601 ②：7

时代：清代

口径 8.9、底径 5.1、残高 4.3 厘米

残。口沿缺失。弧腹，圈足，足端斜削，足底有少量窑渣粘连，底有 3 个支钉烧痕。外施红釉，釉色深浅不一，内施白釉，有大量小开片。浅褐色胎，胎质较粗糙、疏松。

90. 红釉碗 19SXBT0601 ② ： 13

时代：清代

口径 9.2、底径 5.1、高 5.8 厘米

残。敞口，尖圆唇，深弧腹，圈足，足墙较直，足跟无釉且有少量窑渣粘连。内底有 3 个支钉烧痕。内施白釉，有大量小开片，外施红釉，釉色深浅不一。浅黄褐色胎，胎质较细腻。

91. 酱釉碗 19SXB Ⅱ TG1 ① : 32

时代：明代

口径 17.3、底径 6.3、高 6.3 厘米

残。敞口，圆唇，弧腹，圈足。挖足过肩，内足墙微斜，
圈足底部旋削。外有轮痕，有土沁。内有涩圈宽 2.2 厘米，
除涩圈外内施柿釉，外施柿釉至腹部，釉面较亮，有流
釉现象。浅黄色胎，较细腻致密。

92. 酱釉碗 19SXBH62：1

时代：明代

口径 7.4、底径 4.2、高 3.6 厘米

残。敛口，圆唇，弧腹，圈足，足墙微外撇，足跟旋削，足脊微斜。器外有黄褐色化妆土。内施满黑酱釉，外施酱釉至腹部，内外有积釉，窑变兔毫现象。黑色胎，较致密。

93. 酱釉碗 19SXB Ⅲ C3 ④：2

时代：清代

口径 16、底径 6.6、高 5 厘米

残。敞口，圆唇，弧腹，圈足，内外有轮痕，有
土沁。内有涩圈，宽 1.37～2 厘米，外底饰有墨
书"平"字样。除涩圈外内施满酱釉，外施酱釉
至腹部。浅黄色胎，较粗糙。

94. 黑釉碗 19SXBH39 ③：1

时代：清代

口径 16、底径 6.3、高 6.3 厘米

残。敞口，圆唇，弧腹，圈足，挖足过肩，足肩和底旋削，有一块霉斑状小黑点。内底有涩圈，宽约 1.5 厘米。内施黑釉，釉下施化妆土，外施黑釉至下腹部，釉体分布不均匀，有窑变现象。浅砖红色胎质，较致密。

95. 黑釉碗 19SXBT0301 ①：1

时代：清代

口径 19.4、底径 8.2、高 6.5 厘米

残。敞口，圆唇，弧腹，圈足，足跟旋削，足脊微斜。内有涩圈，宽 2.2 ～ 2.5 厘米，内外有土沁，外有明显轮痕，底部有"王"字款。除涩圈外内施黑釉，外施黑釉至腹部。黄褐色胎，较致密。

96. 黑釉碗 19SXB Ⅲ C2 ④：1

时代：清代

口径 19.4、底径 7.8、高 6 厘米

残。撇口，圆唇，弧腹，圈足，足肩和足跟斜削。
器身内外有大量土沁粘连。内施满黑釉，有涩圈，
外施釉至下腹部。褐色夹砂胎，胎质粗糙。

97. 外黑内白釉碗 19SXBH66②：1

时代：清代

口径 14.4、底径 5.8、高 4.9 厘米

残。敞口，尖圆唇，弧腹，圈足，挖足过肩，足底斜削。内底有宽 1.5 厘米涩圈。内施白釉，釉体分布不均匀，釉面有小开片，釉下施化妆土。外施黑釉至圈足，腹部有漏釉现象。灰色胎质，较致密。

98. 外黑内白釉碗 19SXBH81①：1

时代：清代

口径 16.4、底径 6、高 6.2 厘米

残。敞口，圆唇，弧腹，圈足。挖足过肩，足跟旋削，足脊微斜，外足墙微外撇。内有涩圈，除涩圈外施透明釉，内有 4 处褐色斑，外施黑釉至足肩，釉面有小开片，外有流釉现象。浅灰色胎，致密。

99. 青花碗 19SXBT0202 ① ：7

时代：清代

口径 8.6、底径 3.4、高 5.6 厘米

残。直口，圆唇，深弧腹，圈足外敞，足跟无釉，略有火石红色。内底有青花纹饰，外底部有两周弦纹的押印字款，内容不可认。外部有青花猴形纹饰，作攀爬状，猴周边装饰花纹。通体施泛青透明釉，青花发色较暗，积釉处发黑。白胎，胎质细腻致密。

100. 青花碗底 19SXBT0402 ④：2

时代：清代

长 6.9、宽 5.1、底径 4.4 厘米

残。弧腹，圈足。内有双圈弦纹含"寿"字纹，外腹布满"寿"字纹，底部有单圈弦纹及包裹的"朱朱"章款识，外足墙绘有两圈青花弦纹，内足墙内有单圈弦纹。内外施满透明釉，足跟无釉。白色胎，较致密。

101. 青花碗 19SXBT0303 ⑤：1

时代：清代

残长 9.9、底径 5.5、残高 4.7、釉厚 0.02 厘米

残。深腹，圈足，足端呈"泥鳅背"状，挖足过肩。内底饰兰花纹，外下腹部饰草纹，外底部在双圈弦纹中间有一墨蓝色梵文。青花发色较亮，色调浓淡不一，聚积处发黑。通体施透明釉，露胎处带火石红色。白胎，胎质细腻致密。

102. 青花碗 19SXBT0501 ④：3

时代：清代

口径 14、底径 6.8、高 6.8 厘米

敞口，方尖唇，弧腹，圈足，足端露胎，外侧斜削，粘有大量砂粒和火石红，足底圆凸，有明显跳刀痕。内部口沿有晕散复弦纹，下腹部亦有复弦纹，内底似为团状青花婴孩图案，绘制抽象。外腹部似为一周连续团状婴孩图案与吉祥结变体图案。圈足足肩处有不连续双圈弦纹，底部在晕散粗弦纹中有模糊字款。通体施透明釉，露胎处带酱黄色。青花色调较明亮，发色浓淡不一，聚积处发黑。

103. 青花碗 19SXBH63⑥：1

时代：清代

口径 15.6、底径 6.6、高 6.4 厘米

残。敞口，圆唇，弧腹，圈足，足肩和足跟旋削，并且足肩结合处有多处刻划痕。内底有 2 厘米宽涩圈，腹部中间有蓝色双圈弦纹，涩圈中间有一蓝色点状纹饰。外腹部描绘杂乱无章的笔画。施透明釉，釉下施白色化妆土。黄褐色胎质，较致密。

104. 青花碗 19SXB Ⅱ H2 ① ：8

时代：清代

口径 13.8、底径 7.2、高 6.9 厘米

残。敞口，尖圆唇，弧腹，圈足，足脊微斜，外足墙外撇。口沿下和腹下各有深浅不一的青花双圈弦纹，底中部分饰有不规则青花点缀，外腹有不规则青花花纹纹饰，外底有浅蓝色单圈弦纹，并有大量砂粒窑粘。施白色化妆土。内外施透明釉，施釉不均匀，有积釉现象。灰色胎，较粗糙。

105. "寿"字纹青花碗 19SXBH124 ①：1

时代：清代

口径 18.8、底径 7.2、高 8.2 厘米

残。敞口，圆唇，弧腹折收，圈足，挖足过肩，足跟旋削，有浅火石红。内侧口沿下部、碗底分别饰有青花双圈弦纹。外侧通体布满满文"寿"字纹。内外满施透明釉。白色胎，较细腻致密。

**106.	"寿"字纹青花碗 19SXB Ⅱ H2 ① : 1**

时代：清代

口径 18、底径 6.8、高 7.6 厘米

残。敞口，圆唇，弧腹折收，圈足，足底有大量窑渣、土沁粘连，底身布满裂纹。口沿处、碗底上部绘有青花双圈弦纹。碗底中间绘有简体"蘭"字。外腹绘有大量满文"寿"字纹装饰。内外施满透明釉。灰白色胎，较致密。

107. "大明"年号青花碗 19SXBH4：3

时代：清代

残口径 7.4、底径 3.9、残高 2.7 厘米

残。仅存腹部及碗底。削足，挖足过肩，足墙直立。内壁绘灵芝纹花卉装饰，内壁有少量土沁，外壁绘灵芝纹花卉装饰。外底绘双圈装饰线，线内题"大明年制"四字底款，"制"字为减笔题写。通体施透明釉，足圈内施满釉。白色胎，胎质细腻。

108. 青花碗 19SXBH124 ① ：5

时代：清代

口径 14.8、底径 7、高 7.5 厘米

残。敞口，圆唇，弧腹，圈足。内口沿处有粗单圈和细双圈青花纹饰包围的整齐排列点状深蓝色纹饰，内下腹有双圈青花弦纹，碗底饰有不规则波浪状点彩装饰和菊花花卉纹。外口沿下有双圈弦纹，腹部绘有大量菊花花卉及其他不规则花卉纹。足底有粗细不一的双圈蓝色弦纹包围的方形青花款识。底部有黏接痕，外有土沁。内外均施满透明釉，釉下施白色化妆土。白色胎，较粗糙。

0 　　　　　　　　9厘米

109. 青花碗 19SXB Ⅱ TG1 ① ：10

时代：清代

口径 11.6、底径 4.9、高 5.6 厘米

残。敞口，圆唇，弧腹，圈足为内凹形玉璧底，足端外沿斜削，内旋削。内腹中下部饰有成组横线图案，碗心有福字的简写，疑是四个"示"字。外腹部绘有大量不规则连续纹。内施满透明釉，外施釉至圈足底，碗底有少量土沁，釉面有残缺。白色胎，较致密。

110. "若深珍藏"款青花碗底 19SXBF9 ④ ：1

时代：清代

底径 5.2、残高 3.1 厘米

残。弧腹，圈足，挖足过肩，足跟有火石红。内腹有弦纹，外腹饰有絮状花边锦旗状青花图案，底部有"若深珍藏"字样落款。施白色化妆土。内外施满透明釉，釉面有小开片。白色胎，较粗糙。

111. 青花碗 19SXBF1JC4 ： 3

时代：清代

口径 10.4、底径 4.6、高 5.6 厘米

残。敞口，圆唇，弧腹，圈足。内侧口沿下、下腹部有蓝色双圈弦纹装饰，内底一周青花双圈弦纹。外侧绘有莲花缠枝及莲瓣纹饰。圈足外有一周青花双圈弦纹，外底一周有青花双圈弦纹，并且残留画押。内外满施透明釉。白色胎质，较细腻致密。

112. 青花碗 19SXBH124②：3

时代：清代

口径 142、底径 6.6、高 7.4 厘米

残。敞口，圆唇，弧腹，圈足，足跟旋削，有窑粘和
浅火石红。内侧碗底和外侧中上腹部有青花葡萄及藤
枝纹饰。足底一圈青花单圈弦纹，弦纹中间一个青花
画押款识。内外满施透明釉。白色胎，较细腻致密。

113. 青花碗 19SXB Ⅱ H2 ① : 2

时代：清代

口径 14.4、底径 7.4、高 6.5 厘米

残。敞口，圆唇，弧腹，圈足，足跟旋削，有火石红。足底有大量窑渣、土沁粘连。外足墙饰有蓝色双圈弦纹。在口沿底、下腹部各有蓝色单圈弦纹。外腹饰有青花色花卉纹饰。内满施青釉，外侧施透明釉至圈足底。灰白色胎质，较细腻致密。

114. 青花碗 19SXB Ⅱ TG1 ① : 40

时代：清代

口径 16、底径 7、高 7.2 厘米

残。敞口，圆唇，弧腹，圈足，挖足过肩，外圈足底斜削。口沿下部、腹部中下部有双圈弦纹，内底有花卉纹饰，口沿下部、中下腹部有双圈弦纹，腹部中间有花卉装饰，中下腹部有成组的线条痕迹。碗内外满施透明釉。白色胎，较细腻致密。

115. 青花碗 19SXBC11 ③：1

时代：清代

口径 16、底径 6、高 6.2 厘米

残。敞口，圆唇，外沿下微折，弧腹，圈足，足底有
旋削痕，外底微凸。内有涩圈，宽 1～1.2 厘米，内
口沿处有双圈弦纹，外口沿下有单圈弦纹，外腹饰有
青花连枝花卉图案纹饰。内施透明釉，外施透明釉至
足跟，釉面有小开片。白色胎，较粗糙。

116. 青花碗 19SXB Ⅱ TG1 ① ：30

时代：清代

口径 12.8、底径 7.6、高 7 厘米

残。敞口，圆唇，斜直腹，圈足，挖足过肩，内足墙微斜，足跟旋削，有窑粘。内口沿有双圈弦纹包围深浅不一的蓝色点状纹，内底饰有青花菊瓣纹花卉，外腹部饰有菊花花卉，其下部饰有粗双圈青花纹。底部有单圈褐色纹饰。内施透明釉，外施透明釉至足跟，面有小开片。白色胎，较粗糙。

117. 带字青花碗底 19SXBC22 ① ： 6

时代：民国

残长 12、底径 6.6、残高 2.7 厘米

削足，足墙内倾，足圈内未施釉。内底有涩圈，内底心绘十字形装饰性线条。外腹部残存装饰性图案。外底墨书题四字"田之贤的"底款，行书书体。通体施透明釉，内外壁遍布冰裂纹。米黄色胎质，胎质较细。

118. 青花碗 19SXBC9 ： 2

时代：清代

口径 7.8、底径 3.5、高 3.4 厘米

残。敞口，圆唇，弧腹，圈足，足端斜削，底部旋削，有窑粘。内有涩圈，口沿处饰有深蓝色双圈弦纹，碗底有少量黑色窑渣粘连。外施淡蓝釉至圈足外，口沿处饰有深蓝色青花粗单圈弦纹，整个器身绘有太阳花及其他装饰性图案。内施满浅蓝色釉。浅黄色胎，胎质较粗糙。

119. 青花碗 19SXBC40：1

时代：清代

口径 12.9、底径 6.1、高 4.5 厘米

残。敞口，圆唇，弧腹，圈足，足跟斜削，有浅火石红。内口沿下一周双圈弦纹，内绘制山水画，近处是一棵老树，中间是一汪湖水和小船，远处是高山和云雾。外底有双圈弦纹，内有花纹画押。内外施满透明釉。白色胎，较致密。

120. 青花碗 19SXB Ⅱ TG1 ① ：27

时代：清代

口径 13.2、底径 7、高 6.5 厘米

残。敞口，圆唇，弧腹，圈足。中心有菊花纹和双圈弦纹，口沿处有深蓝色青花双圈弦纹，外有菊花纹，两道弦纹，底部有褐色双圈。内施满透明釉，外施透明釉至足底。浅灰色胎，较致密。

121. 青花碗 20SXB Ⅲ T0201 ① : 12

时代：清代

口径 15、底径 5.8、高 6.1 厘米

残。敞口微撇，圆唇，斜弧腹，圈足，外墙微内倾，足端削平。内底有涩圈，内外壁绘简笔缠枝菊花纹，口沿一圈弦纹，青花较亮而泛紫色，聚积处起黑斑。通体施淡蓝色釉不及底。灰胎，胎质粗糙。

122. "玉石宝珍" 款青花碗 19SXB Ⅲ T0103 ① : 2

时代：清代

残长 7.35、底径 2、残高 4.1 厘米

残。弧腹，圈足，足跟斜削，有火石红。内有双圈弦纹及花草纹，外腹饰有青花花草纹，足跟处有三圈弦纹，底部中心有双圈弦纹及"玉石宝珍"字样。内外施满透明釉。白色胎，致密。

123. 带字青花碗底 19SXB Ⅲ T0102 ⑤：1

时代：清代

残长 9.9、底径 3.8 厘米

残。弧腹，圈足，足墙两面斜削，足跟斜削。内底有双圈内有菊花纹，外腹部有花卉，外足墙有青花双圈弦纹。腹部青花，外底有"安吉居□玩宝"文字。通体施透明釉。白色胎。

124. 青花盏 19SXBH129 ⑥：1

时代：清代

口径 11.6、底径 5.6、高 3 厘米

残。侈口，斜平唇，浅弧腹，圈足，挖足过肩，足端斜削，有窑渣粘连。器内绘制一个类似大芭蕉叶的青花图案。圈足底部有少量土沁。内外施满透明釉。白胎，胎质细腻。

125. 天青釉盘 20SXB Ⅲ T0201 ① ： 50

时代：清代

口径 18.4、底径 10.4、高 4.4 厘米

残。敞口，方唇，芒口，斜弧腹，圈足，外墙内倾，足端圆钝、露胎，底部有青花押印。通体施青釉。白色胎质，细腻致密。

126. 白瓷盘 19SXBH46 ③：3

时代：元代

口径 12.4、底径 8.8、高 2 厘米

残。侈口，圆唇，浅弧腹，圈足，挖足过肩，足肩旋削，足底未施釉。器内有一支钉痕。内施满白釉，外施白釉至圈足底，釉下施白色化妆土，釉面有小开片。青灰色胎，较细腻致密。

127. 白瓷盘 19SXBH56② ： 2

时代：清代

口径 21.6、底径 11.6、高 5 厘米

残。敞口，圆唇，浅弧腹，卧足。施白色
化妆土。内外满施透明釉，釉面有小开片。
灰白色胎质，较细腻致密。

128. 白瓷盘 19SXBC18 ④：5

时代：清代

口径 18.2、底径 9.2、高 2 厘米

残。侈口，圆唇，浅弧腹折收，圈足。内口沿处饰有
一粗一细双圈弦纹，腹部饰有单圈弦纹，外底部印有
绿色英文"IRON STONE CHINA\S.P.M.C\MARK"
及徽章图案，器物内外均有小开片。内外施满青白釉，
釉下施白色化妆土。灰白色胎，胎质细腻疏松。

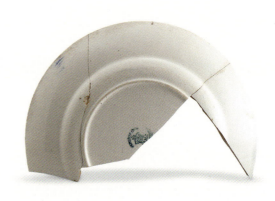

129. 粉彩盘 20SXB Ⅲ T0101 ② : 39

时代：清代

口径 12、底径 7、高 2.6 厘米

残。敞口，圆唇，浅弧腹，圈足，足跟斜削。口沿有黄色金线，并有一铁片包裹，内有红绿彩绘花草纹，有红彩"喜"字，外底饰有红彩纹。内外施满透明釉。白色胎，较致密。

130. 青花釉里红盘 19SXBT0501①：2

时代：清代

口径 15.9、底径 9.2、残高 2.7 厘米

残。撇口，圆唇，斜弧腹，隐圈足，底部有旋削痕。器
内身中间红彩"福"字，外围有青花红彩双圈弦纹及菊
瓣花卉纹，口沿处是双圈弦纹中饰有红绿花草纹。外施
透明釉至腹部，釉面有小开片，釉下有白色化妆土。外
有轮痕，有流釉，积釉现象。白色胎，较疏松。

131. 青花盘 19SXBH60⑫：4

时代：清代

口径 15.2、底径 9.2、高 2.8 厘米

残。侈口，圆唇微卷，浅弧腹，圈足，足端斜削，有浅火石红痕迹。口沿上为深蓝色，内部及下绘有折枝灵芝纹饰，底部饰有规则的螺旋纹。器身外部间隔绘有折枝灵芝纹饰，足肩处饰有青花双圈弦纹，外底部饰有青花双圈弦纹，外底心饰有方形款识押印。内外施满透明釉，釉面均匀光亮。白色胎，细腻致密。

132. 青花盘 19SXBT0801 ① : 1

时代：清代

口径 19.4、底径 11.4、高 3 厘米

残。撇口，圆唇，浅弧腹，圈足，足墙微外撇。盘
内上腹部是折枝灵芝纹，中心处有规则青花单圈变
体菊花纹，内底心为花草纹。外腹饰折枝灵芝纹，
底部有双圈弦纹，外底中心为方形图案款识。外底
有棕眼。内外施满透明釉。白色胎，较致密。

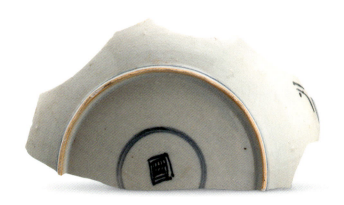

133. 青花盘 19SXB Ⅱ TG1 ① ： 28

时代：清代

口径 20.6、底径 12.8、高 4.2 厘米

残。敞口，方唇，浅弧腹，圈足，挖足过肩，足脊微斜，外足墙外撇。外底有黏接痕迹。内口沿处饰有双圈蓝色粗细不一的弦纹，中心是凤凰展翅纹并点缀植物花卉，凤凰身体为心形，翅膀呈扇形外展，凤凰一周饰双圈弦纹。外沿下有深浅渐变弦纹，饰有青花线状纹装饰。足跟处饰有蓝色单圈弦纹，底部有蓝色双圈弦纹，其中间饰有画押。内外施透明釉，白色胎，致密。

134. 青花盘 19SXBT0701 ③：2

时代：清代

口径 20.2、底径 10.2、残高 2.3 厘米

残。圈足，撇口，弧腹折收，大圈足。口沿处为十字交叉网格纹，内嵌柿蒂纹，内圈盘壁为芝麻状镂空装饰，绘有蝙蝠吉祥图案和工字装饰图案，其下绘有三圈蓝色弦纹，盘心位置绘有菊花吉祥图案。外施满青釉，口沿处饰有双圈弦纹装饰线，下有芝麻状镂空装饰，足肩处饰有单圈弦纹，底部写有"玩玉"押印。内施满透明釉。灰白色胎，胎质细腻。

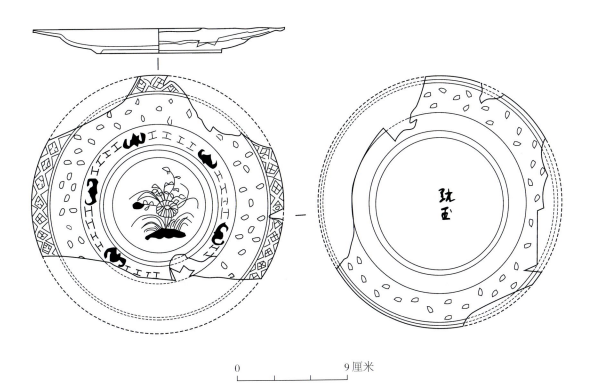

0　　　　　　　　9厘米

135. 青花盘 19SXBF3：3

时代：清代

底径 10.8、残高 1 厘米

残。仅存盘底。圈足，内底有蓝色双圈弦纹装饰，内饰有一个提花篮，有底座，花篮内铺满花草。器外有十字青花纹，外底有青花双圈，内外满施透明釉。白色胎质，较细腻致密。

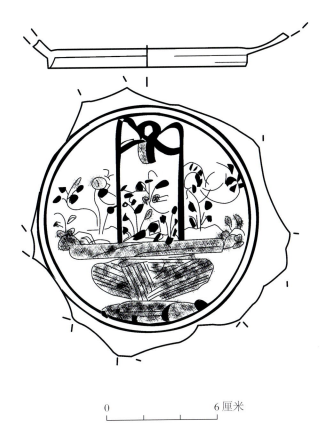

0   6 厘米

136. "寿"字纹青花盘 19SXB Ⅱ H2 ① ： 15

时代：清代

残长 11.3、残宽 7 厘米

残。敞口，圆唇，弧腹，圈足，挖足过肩，足跟旋削，有火石红。内口沿处饰有双圈蓝色弦纹，弦纹下饰三排紧密整齐排列的满文"寿"字，其下饰有双圈蓝色弦纹。外口沿下饰有双圈蓝色弦纹，外腹有"寿"字纹，圈足处有单圈蓝色弦纹。底部有黏接痕。内外施透明釉。白色胎，较致密。

137. "寿"字纹青花盘 19SXB Ⅱ TG1 ① ： 21

时代：清代

口径 19.9、底径 12.4、高 4.1 厘米

残。敞口，圈足，弧腹，挖足过肩，足墙内倾，足端外斜削，内口沿处饰有双圈蓝色弦纹，一深一浅，弦纹下饰三圈紧密整齐排列的满文"寿"字，其下饰有双圈蓝色弦纹，盘底饰有一个"寿"字。外口沿处饰有双圈蓝色弦纹，下腹部至圈足处饰有单圈蓝色弦纹，外底部饰有双圈蓝色弦纹，弦纹内有画押款。内外施透明釉。白色胎，胎质细腻。

138. "寿"字纹青花盘 19SXB Ⅱ区 TG1 ① : 16

时代：清代

口径 20、底径 13、高 4 厘米

残。敞口，圆唇，浅弧腹，圈足，足跟有火石红。内口沿处饰有双圈蓝色弦纹，弦纹下饰三排紧密整齐排列的"寿"字纹，其下饰有双圈蓝色弦纹，内底中心有残缺青花纹饰，外口沿下饰有双圈蓝色弦纹，外腹部有花草纹，圈足处有双圈蓝色弦纹。内外施透明釉，外有土沁。白色胎，致密。

139. 带款青花盘 19SXB Ⅱ TG1 ① : 29

时代：清代

口径 20、底径 11.2、高 3.2 厘米

残。敞口，圆唇，弧腹折收，圈足。足跟有浅火石红。靠近口
沿处有连续云纹，稍内为青花双圈弦纹，内腹上半部饰有云纹
和龙纹，下半部分是海水纹，一条带须鱼露出半身望向龙，寓
意鲤鱼跳龙门。外口沿下有蓝色双圈，腹部饰有不规则疑似人
物纹饰。足跟处有单圈弦纹，底部有双圈弦纹包围的方形疑似
"园"字样。内外施满透明釉。白色胎，较致密。

140. 青花盘 20SXB Ⅲ T0201 ① : 28

时代：清代

口径 12.3、底径 8、高 2 厘米

残。敞口，方唇，芒口，斜弧腹，圈足，足墙垂直，足端圆钝。内以"染地留白"技法绘 7 朵 6 瓣梅花，整体上又构成一个大六瓣梅花图案，青花发色明亮泛紫。内施白色化妆土。通体施透明釉，釉上有小开片。灰胎，胎质粗糙。

141. 文字瓷片 19SXBH46 ③：4

时代：民国

长 8.2、宽 4.2、高 2.7 厘米

方形瓷壶残片。带壶流的一面用黑彩书写"昌江，珠山，汪佩辉写"字样。内外施透明釉。白胎，胎质细腻。

142. 带字青花壶盖 19SXB Ⅱ TG1 ①：39

时代：清代

直径 11.2、高 2.4 厘米

残。子母口，弧顶内未施釉，釉面有小开片。器盖外顶部饰有单圈蓝色弦纹，弦纹内有"万事初"字样，有少量气泡，少量窑渣粘连。外施透明釉至口沿处。灰色胎，胎质细腻。

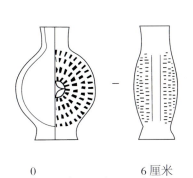

0   6 厘米

143. 青釉鼻烟壶 19SXBT0201 ① ： 5

时代：清代

口径 1.6、底径 2.3、高 6 厘米

小直口，圆唇，溜肩，扁圆腹，底部内收，平底。外腹部两面均模印中心一枚铜钱，外四周菊花瓣的花卉纹。内无釉，外施青釉，施釉均匀，底部无釉，有窑粘。白胎。

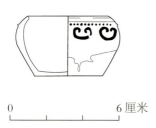

0　　　　　　　6 厘米

144. 黑釉鸟食罐 19SXBT0402 ①：1

时代：民国

口径 4.6、底径 3.8、高 3.2 厘米

残。敛口，圆唇，溜肩，弧腹，平底，底部有旋削。
整体造型仿绣墩状，外腹上有大量规则小乳突
点缀，有云雷纹。内施黑釉，外施黑釉至腹部，
外有流釉。浅灰色胎，较致密。

145. 粉彩鼻烟壶 19SXBT0701 ① ： 9

时代：民国
腹径 4、残高 7.2 厘米

残。口、底均残缺。束颈，溜肩，长弧腹。外侧绘红、绿、黄色花卉粉彩纹饰。内侧有轮痕。内外满施透明釉。灰白色胎质，较细腻致密。

146. 彩绘瓷盒 19SXB Ⅲ C2 ③ ： 1

时代：民国
口径 7.8、底径 4.9、高 3 厘米

子母口，斜弧腹，圈足，足跟斜削。口沿上粘有银扣，已锈蚀，器身外壁绘有梅花及黑彩"酒"字样。内外均满施白釉。灰白色胎，胎质细腻。

147. 彩绘肥皂盒 20SXB Ⅲ F1∶2

时代: 民国

残长 4.4、宽 7.7、高 3.7 厘米

残。平面长方形, 直口, 宽平沿, 直腹, 支钉足。口沿处渗有大量墨垢, 底部残留有 3 个小乳丁。笔洗长侧彩绘有山水画, 有草屋, 湖泊和小船, 远山和佛塔。另一长侧是简单的山水画, 仅存山和树。另一侧有黑彩"万世永表"字样。内部口沿以下内外侧满施透明釉, 灰白色胎质, 较细腻致密。

148. 青花笔洗 19SXB Ⅲ T0102 ①：12

时代：清代

口径 12.6、底径 10.8、高 4 厘米

残。花口内敛，束肩，弧腹，内底部凸起，外底部凹陷。
器身外为山村野居图景，两排房屋错落分布，有小桥、
流水和林木点缀其间。除外底部施满釉。灰白色胎。

149. 黑釉灯 19SXBⅡTG1①：37

时代：清代

直径 10、高 4 厘米

残。敞口，尖圆唇，浅腹，圜底。有窑渣、土沁粘连。内满施酱釉，外未施满釉。黑褐色胎质，较粗。

150. 酱釉小瓷靴 19SXBF10③：2

时代：清代

颈口 1.1、鞋底长 2.8、底宽 1.1、高 3.2 厘米

残。鞋两侧绘有花卉纹饰，中间有一小窟窿。鞋面及筒施酱釉，鞋底未施釉。灰色胎质，较细腻致密。

151. 白瓷勺 20SXB Ⅲ T0101 ④：12

时代：清代

长 10.2、宽 4、高 3.4 厘米

沟槽状细长把，把端下有高浮雕猴面纹。椭圆形匙身，圈足底。通体施透明釉。青灰胎。

152. 青花勺 19SXB Ⅲ T0101 ①：2

时代：清代

残长 6.4、宽 5.2、残高 1.9 厘米

残。直腹，卧足，足跟刮削，有火石红。沟槽状细长把，椭圆形匙身，平底微凹。器内绘制缠枝花叶，外部于三面近沿处点缀简笔草叶图案。通体施白釉。白色胎，较细腻致密。

153. 白瓷人物俑 19SXBH34 ∶ 6

时代：明代

宽 2.5 ～ 4、厚 1.4 ～ 2、残高 7.5 厘米

残。头部缺失。站立，双臂微拢置于胸前，左臂略高，双腿并拢站立。在胸前及两臂上饰有酱釉条状纹饰，中间部分有褐色纹饰点缀。器身施满白色化妆土，内中空，底部微内凹，粘有少量酱釉。上半身施白釉，下半身施酱釉。灰白色胎，细腻致密。

154. 黄釉人物俑 19SXBH125：6

时代：清代

残宽 2.3、厚 1.6～2.7、残高 5.1 厘米

残。人首和右侧均残，盘坐，双手拢于胸前，并且手
持宝物，穿长衫，束腰带，右衽。通体施黄釉，底部
有积釉，有窑粘。白色胎，较细腻致密。

155. 黄褐釉人物俑 19SXBT0501④：2

时代：清代

底长 3.8、高 7.8 厘米

头戴高帽，面容整肃，竖眉，圆睛，阔鼻，张口。端坐于座上，身穿铠甲，披帛，衣纹提膝，大腹便便，双手置于膝上，露靴鞋。头顶及后背有哨孔。头及上身施黄褐釉。灰白胎。

156. 酱釉人物俑 20SXB Ⅲ T0201 ① ：26

时代：清代

头宽 2.4、底宽 3.7、高 7.9 厘米

人物俑。残。头上盘双髻于两侧。浓眉大眼，鼻大而扁。身着花边披肩、长裙，宽衣大袖，交襟于右腰，腰部束带，逍遥坐，右腿屈膝，左腿平放，右手舒展放于右膝，左手握一荷花状物置于左腹前。外施酱釉不及底，内里有流釉。空心，灰胎。

157. 酱釉人物俑 20SXB Ⅲ T0201 ① ： 16

时代：清代

头宽 2.6、底宽 3.2、高 8 厘米

残。头上盘双髻于两侧。浓眉大眼，鼻大而扁。身着花边披肩、长裙，宽衣大袖，交襟于右腰，腰部束带，逍遥坐，右腿屈膝，左腿平放，右手舒展放于右膝，左手握一荷花状物放于左腹前。外施酱釉不及底，内里有流釉。空心，灰胎。

158. 酱釉人物俑 20SXB Ⅲ T0201 ③：2

时代：清代

头宽 2.3、身宽 3.5、高 7.6 厘米

残。头上盘双髻于两侧。浓眉大眼，鼻大而扁。身着花边披肩、长裙，宽衣大袖，逍遥坐，右腿屈膝，左腿平放，右手舒展放于右膝。除底部外施酱釉。空心。浅黄色胎，较致密。

159. 酱釉人物俑 20SXB Ⅲ T0201 ①：22

时代：清代

头宽 2.6、残高 5.9 厘米

残。余头部及左手。头上盘双髻于两侧。浓眉大眼，鼻大而扁。身着花边披肩、长裙，宽衣大袖，交襟于右腰，腰部束带，左手握一荷花状物放于左腹前。外施酱釉不及底，内里有流釉。空心，灰胎。

160. 青花人俑 19SXBT1001 ⑦：3

时代：清代

底宽 4.4、残高 5.7 厘米

残。头部无，仅存颈部以下部分。身材壮硕，逍遥坐，
左肩处有肩甲，左腿平放，右腿屈膝，两手放置胸前，
中间系有腰带并伴坠饰。上身中心部分饰有青花纹。
除底部外施满透明釉。白色胎，较致密。

161. 低温绿釉碗 19SXBZ3 操作间④：1

时代：清代

口径 12、底径 5.7、高 4.4 厘米

残。敞口，方圆唇，弧腹，圈足，足跟旋削，足脊微斜，
并且有大量窑粘。内施绿釉，中心部分有刻划纹饰，
外施绿釉至腹部，有脱落现象。釉下施白色化妆土。
釉砖红色胎，较疏松。

162. 低温釉陶碗 20SXB Ⅲ T0101 ② : 4

时代：清代

口径 6.1、底径 2.8、高 2.5 厘米

残。敞口，圆唇，斜弧腹，玉璧底。外表墨书"祥源""酒店"，外底墨书"德源"。内施红色釉，外施釉至口沿，脱落严重，带土沁。黄褐色胎质，胎质粗糙。

163. 低温酱釉碗 20SXB Ⅲ T0101 ③：5

时代：清代

口径 6.35、底径 3、高 2.2 厘米

敞口，圆唇，斜弧腹折收，圈足较浅，足墙外撇，
厚薄不一。内施红褐色釉，外半施红褐色釉，有流
釉现象。黄褐胎，胎质较致密。

164. 低温釉陶碗 19SXBT0502 ① : 2

时代：民国

口径 12、底径 5、高 4.5 厘米

残。敞口，圆唇，弧腹，圈足，足跟旋削，足脊微斜。内外施化妆土。内外有轮痕，有土沁，外有窑粘。内施透明釉，外施透明釉至腹部有脱落。砖红色胎，较致密。

165. 低温绿釉陶盆 19SXBH107 ③ : 2

时代：清代

口径 30、底径 18.2、高 8.9 厘米

残。敞口，卷圆唇，折沿，弧腹，平底内凹。施白色化妆土，内外有轮痕。内施绿釉有大面积脱落。砖红色胎，较疏松。

166. 低温绿釉陶盆 19SXBT0602 ③：1

时代：清代

口径30、底径18.5、高8厘米

残。圆唇，折沿，弧腹，平底内凹。内部轮旋痕迹明显，并且内底和口沿处有六个锔孔。内满施绿釉，外侧未施釉，有剥釉现象。砖红色胎质，较疏松。

167.红绿彩鱼纹盆 19SXBH61∶2

时代：清代

口径 25.6、底径 12.4、残高 11.5 厘米

残。敞口内凹，圆唇，折沿，弧腹，圈足，足跟有旋削痕。口沿处有连续折带纹装饰图案，内盆底饰有鱼纹和花卉图案，内底有轮痕。外施绿釉至下腹部，有流釉现象，内施满透明釉，釉下为白色化妆土。砖红色胎，胎质疏松。

168. 低温黄绿釉陶盆 19SXBH55 ③：2

时代：清代

口径 21.8、底径 14、高 8.2 厘米

残。敛口，圆唇，口沿下有微凸棱，弧腹，平底内凹。外有轮痕，底部黏有釉。内施黄色釉有积釉，外施绿釉至足跟，施釉不均匀，釉面有小开片，釉下有白色化妆土。砖红色胎，较致密。

169. 酱青釉陶盆 19SXBH2：1

时代：清代

口径 51.2、底径 34、高 13 厘米

残。敞口，凸唇，平沿，斜直腹，平底。器身外压印密集竖线纹。内施褐釉，外施酱青釉，釉面粗糙。褐色夹砂陶，含砂量大。

170. 低温红釉陶盆 19SXBT0501 ③：1

时代：民国

口径 19.2、底径 12.5、高 5.4 厘米

敞口，卷沿，弧腹，平底微凹。内施砖红色釉。砖红色胎，胎质较疏松。

171. 带字酱釉陶盆口沿 19SXBT0701 ① : 14

时代：民国

残宽 9.2、残高 8.9 厘米

残。敛口，方唇，平沿，弧腹。口沿及内腹上黏有白色化妆土。外腹刻有"宜兴县蜀山镇 品"等字样，外有轮痕。除口沿内外施满酱釉。紫红色夹砂，较粗糙。

172. 低温酱釉陶盆 19SXB Ⅲ C3 ③ : 1

时代：民国

口径 18.2、底径 11.2、高 5.5 厘米

残。敞口，圆唇，口沿下微凸棱，弧腹，平底内凹。内外有轮痕，底部有黏釉。内施满酱釉，外施酱釉至下腹部，施釉不均匀，有脱落现象。

173. 低温绿釉瓜棱罐 19SXBT0301 ② : 2

时代：清代

口径 5.2、底径 5.4、高 8.6 厘米

直口，圆唇，短束颈，溜肩，双系，腹较鼓，腹上有 6
条瓜棱，平底微凹。施化妆土和绿釉至下腹部。内里呈
深浅不一的绿色，但除口沿外无釉。砖红胎，胎质较细。

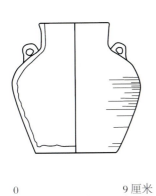

0　　　　　9厘米

174. 低温绿釉双系罐 19SXBH57 ： 1

时代：清代

口径 5.6、底径 6.6、高 10.1 厘米

残。直口，圆唇，矮束颈，鼓肩，肩部有对称双系，鼓腹，平底内凹。内施满绿釉，外施绿釉至腹部，有流釉现象，施釉不均匀。砖红色胎，较粗糙。

175. 低温绿釉双系罐 19SXB Ⅲ T0202 ① ： 2

时代：清代

口径 6.2、底径 6.6、高 9.5 厘米

敞口，尖唇，束颈，溜肩，双系，鼓腹，下腰收束，
平底微凹。内里呈深浅不一的绿色，但除口沿外无釉。
施绿釉至下腹部，有流釉现象。砖红胎，胎质粗疏。

176. 低温绿釉双系罐 19SXBT0603 ⑤：1

时代：清代

口径 8.4、底径 7.6、高 12 厘米

残。直口，圆唇，溜肩、微鼓腹，平底微外凸。肩部有两个对称耳朵。通体有土沁。内满施绿釉，外施绿釉至中腹部。有流釉、积釉现象，釉下施白色化妆土。砖红色胎质，较致密。

177. 低温绿釉双系罐 19SXBT0203 ① ： 2

时代：民国

口径 3.4、底径 3.8、高 5.7 厘米

敞口，圆唇，短直颈，溜肩，双系，上腹微鼓，下腹斜弧，平底。内施白色化妆土，外施化妆土至腹部。外部施绿釉至上腹部，有剥釉现象。上腹部有支烧粘痕。砖红色胎，胎质粗糙。

178. 低温绿釉罐 19SXB Ⅲ T0101 ③ ： 3

时代：清代

口径 5.4、底径 4.8、高 10.5 厘米

残。直口，圆唇，直颈，溜肩，残存一系，微鼓腹，平底。内部施绿釉，外部施绿釉至上腹部。黑胎，胎质粗糙。

179. 带字绿釉瓷片 19SXBT0102 ① : 5

时代：清代

残长 8.8、残宽 6 厘米

残。腹部并排刻有"葫芦棚""葫芦"文字，施绿釉，釉层杂质较多，有积釉现象。泥质红胎，胎体较厚。

180. 低温黄釉器盖 19SXBT0502 ⑤ : 1

时代：清代

盖径 6.45、高 3.75 厘米

子母口，平沿，不规则宝顶状顶，圆纽，盖面有模印菊瓣纹，盖内两周刻槽，外施酱釉。浅红白胎，质地较细、疏松。

181. 低温酱釉双系罐 20SXB Ⅲ T0101 ⑥：1

时代：清代

口径 3.5、底径 3.6、高 6.6 厘米

直口，圆唇，直颈，溜肩，附双耳，微鼓腹，平底。内不施釉，
外部施酱釉至上腹部。黄褐色胎，胎质粗糙。

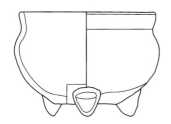

182. 低温黄釉三足炉 19SXBH61：3

时代：明代

口径 11.6、腹径 12、底径 4.6、高 8.4 厘米

残。敞口，圆唇，折沿，弧腹扁圆饱满，捏塑三足，平底内凹，三足外捏有指窝印。内底有轮旋痕。内口沿处有施黄釉，外施黄釉至腹部有脱落现象，釉下有白色化妆土。外有轮痕，有流釉现象。砖红色胎，较疏松。

0 ——————— 9 厘米

183. 酱釉器盖 19SXBC19 ② ：1

时代：清代

直径 4.3、高 2.7 厘米

残。子母口微敛，宽平沿，弧顶，僧帽形捉手。内外有轮痕。外施一层酱釉，施釉不均匀，内无施釉。紫砂胎，较致密。

184. 器盖 19SXBT0601 ③ ：1

时代：清代

直径 7.8、高 3.2 厘米

子母口，似帽顶，顶中有乳丁状捉手，通体呈酱紫色，器盖口沿处有线割痕迹。砖红色胎，胎质有杂质。

185. 低温绿釉油灯 19SXBC18 ⑤：2

时代：清代

口径 9.2、残底径 8.8、高 13.5 厘米

残。灯台形状，敞口，圆唇，浅弧腹，束颈，内部中空，喇叭口底座。除底部外施满绿釉，有脱落现象。灯台颈部有一圈装饰性突出，周身有两处指窝痕，有轮痕。砖红色胎，较致密。

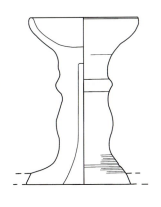

0 ——————— 9厘米

186. 低温绿釉油灯 19SXBH126④：2

时代：清代

直径 13.6、孔径 2.8、高 17.9 厘米

残。绿釉双层灯台状，底座上灯台均已残缺，仅保留中部灯碗部分及灯座。现有灯台上部分灯柱两圈竹节状的装饰性隆起，下部为承接的灯碗。通体施绿釉，有脱落，釉面有小开片，外有土沁。砖红色胎质，较疏松。

187. 红绿彩陶灯 19SXBT0301 ④：2

时代：民国

口径 4、底径 15、残高 13.5 厘米

残。口部残缺。竹节形，直颈，颈中有一盘形圈，侈口，尖唇，斜弧腹，其下呈喇叭状，平底，边缘卷起，中空。外部施浅粉色釉，釉上有绿色、酱红色彩绘。砖红色胎，胎质较细。

188. 陶罐 19SXB Ⅱ M1：2

时代：东汉

口径 6.6、腹径 8.6、底径 3.7、通高 5.5 厘米

残。泥质灰陶，轮制，小口外侈，短颈，圆肩，上腹微鼓，下腹斜直，平底，素面。

189. 红陶双系罐 19SXBH57 : 5

时代：民国

口径 24、底径 18.8、高 20.1 厘米

残。仅残存一系。敛口，圆唇，卷沿，斜肩，深弧腹，平底内凹。器身内外及底均有轮痕。

190. 红陶壶盖 19SXB Ⅱ TG1 ① : 2

时代：清代

直径 9.6、高 4.8 厘米

残。子母口，宽平沿，弧顶。内外有轮痕。砖红色胎，较粗糙。

191. 陶陀螺 19SXBT0601①：15

时代：民国

直径 3.6、高 4.3 厘米

残。圆锥状，顶平。器身部分凹凸不平。灰陶。

192. 陶器盖 19SXBF10③：1

时代：清代

口径 10、底径 6.4、高 1.7 厘米

残。宽平沿，中间向内凹进一圈，中心有一圆圈纽扣形状小捉手，灰色胎。

193. 紫砂盖 19SXBT0601③：3

时代：清代

子口径6、盖沿径8、通高4厘米

残。子母口，子口较直，方唇，盖沿外翻，斜弧壁，平弧顶，素面。

194. 紫砂壶盖 19SXBT0101①：4

时代：民国

直径4.4、高1.8厘米

子母口，平沿，穹庐形顶，圆提手，捉手心有小孔。泥红色紫砂，质地细腻坚固。

195. 紫砂器盖 19SXBT0202 ① ： 2

时代：清代

直径 9.8、高 3.7 厘米

上部贴塑拱形捉手，盖面微微上凸，中心有孔。边缘高于盖面，底部微凹，平沿。沿内侧有一圈残断状凸起。暗红色紫砂胎，内含白色砂砾。

196. 紫砂器盖 19SXBT0502 ⑤：5

时代：清代

口径 6.7、高 1.8 厘米

残。子母口，子口微敛，沿面下斜，弧顶，顶部较平，中圆纽残缺。紫砂质地，胎质细腻，有白色砂砾。

197. 紫砂器盖 20SXB Ⅲ T0201 ②：4

时代：清代

口径 8.4、高 1.4 厘米

残。子母口，凹顶，方唇，平底平沿，上沿有一周凹槽，顶有两枚印章纹饰，其中一个残存繁体"字号"。

198. 紫砂器纽 19SXBF10②：6

时代：清代

直径 2.9、高 1.1 厘米

圆饼状，通体为暗黑红色，中间有一小孔。正面有铜钱花纹装饰图案，背面有一旋削坑。

199. 紫砂壶底 19SXBH60⑬：3

时代：清代

残长 3.2、厚 0.6 厘米

壶底。圈足，内足墙斜削。有"绍明"篆书款。砖红色胎质，较细腻致密。

200. 紫砂壶底 19SXBT0502 ⑤：3

时代：清代

残长 2.85、残高 0.5 厘米

壶底。小圈足，挖足过肩，足底有"绍明"篆书款。紫红砂胎，胎质较细。

201. 石臼 19SXBJ3：1

时代：清代

外直径 10.5、内口径 6、高 5.4 厘米

残。石质，雕琢。呈不规则圆形，敞口，直腹，平底。凹槽上黏有一处铁锈。一种生产工具。

202. 石砚台 20SXB Ⅲ T0103 ②：1

时代：清代

残长 14.3、宽 9.4、厚 1.7 厘米

残。紫红色石，雕琢，打磨。长方形，砚面表面有方形凹槽，砚额上有两圆形凹槽，背面原有刻字，后被刻划破坏。

203. 石砚台 20SXB Ⅲ G3：1

时代：清代

口径 22、厚 2.4 厘米

残。紫砂胎，模制。平面圆形。直口，宽砚边，浅腹，平底。

204. 石砚台 20SXB Ⅲ C5 ②：3

时代：清代

长 18、宽 16、厚 2.8 厘米

残。青石质，磨制。梯形。砚面中间有一方圆形砚池，一端残损严重，平底。

205. 石砚台 19SXBT0301 ① : 3

时代：清代

长 10、宽 6～9.4、厚 2 厘米

残。雕琢，打磨。近似三角形。正面有大小两处研磨凹槽，平底，底部有刻划痕。紫砂胎，较粗糙。

206. 石砚台 19SXBF10 ② : 2

时代：清代

残长 10.5、宽 11、厚 1.4～1.8 厘米

残。深棕色石质。云朵形状，砚面中间轮廓跟外形大体一致。砚额下部挖一月牙斜坡形槽。砚内残留墨汁。

207. 石纺轮 19SXBF1JC3 ∶ 2

时代：清代

直径 3.4、高 2、孔径 0.6 厘米

残。石质。呈车轮形，有使用痕迹。

208. 石珠 19SXBT0102 ⑧∶ 5

时代：清代

外径 2、高 1.6 厘米

打磨圆润，圆弧，中空。

209. 黄玉烟袋嘴 19SXBT0701 ① ： 5

时代：民国

直径 1.8、孔径 0.2～1、长 4.7 厘米

残。玉质，磨制。烟袋柄直筒状，中空，黄褐色，
强度较高，莹润。

210. 玉骰子 19SXBT0502 ⑤ ： 2

时代：清代

边长 0.8 厘米

玉质。正方体，六面分别凿刻一到六点的圆形凹窝。

211. 琉璃镯 19SXBT0501 ③：2

时代：民国

直径 7 厘米

残断。磨制。环形，颜色为乳白色、石榴红色、碧绿色相间。

212. 琉璃珠 19SXBT0502 ③：2

时代：清代

球径 1.8、孔径 0.4 厘米

球状，深蓝色，颜色清透，内有小气泡。中有一圆孔，孔端有凹槽。

213. "明星香水"款玻璃瓶 19SXBH120 : 3

时代：民国

口径 1、腹径 2、底径 2.2、高 9.2 厘米

呈绿色。螺旋口，直颈，鼓肩，直腹，平底内凹。肩部模印"明星香水厂制"字样，腹中部有花纹，两侧模印"明星香水"和"香水明星"字样，下腹部是五角连穗纹，内模印"越陈越香"字样。

214. 玻璃油灯 19SXBH87 ② : 1

时代：民国

腹径 8.4、底径 9.2、高 14.8 厘米

残。玻璃材质。亚腰形，小口带螺丝，鼓肩、鼓腹、束腰、喇叭口底。肩部有一圈菊瓣纹，腹身有六只方向一样的公鸡纹样，公鸡昂首站立，鸡冠高耸，鸡尾部羽毛高翘后下弯。器底座上有密集的竖线纹，并有"华明玻璃厂出品"文字。上部为装油容器。

215. 玻璃黑棋子 19SXBT0201 ③：8

时代：清代

直径 1.5、厚 0.5 厘米

模制。玻璃材质。黑色扁圆馒头状。

216. 玻璃围棋子 19SXBH118：1

时代：清代

直径 1.5、厚 0.4 厘米

玻璃材质。白色圆饼形，弧顶，平底。有土沁，有使用痕迹。

217. 玻璃瓶塞 19SXBH86 ： 1

时代：民国

残长 4.3、宽 1.1 ~ 1.85 厘米

残。玻璃材质。柱状，通体呈淡青蓝色，上部有一扁捉手，下部柱状塞磨砂质感。晶莹剔透。

218. 玻璃盖 19SXBT0401 ① ： 1

时代：民国

直径 9.1、高 2.5 厘米

残。仅存四分之一。子母口，尖圆唇，弧顶，圆形捉手。盖内模印连方格花纹，呈浅绿色。

219. 玻璃瓶盖 20SXB Ⅲ T0101 ④：4

时代：民国

长 3.8、宽 0.5～1.8、厚 0.7 厘米

残。口沿残缺。玻璃材质。子口，整体为水滴形，有少量气泡。周身有少量磕碰。

220. 琉璃烟嘴 19SXBC10：1

时代：清代

口径 1.9、残长 5.5、孔径 0.2 厘米

残。烟嘴残损。琉璃材质。长柄状，能够看出琉璃制作痕迹，中空。整体呈枣红色。

221. 琉璃烟嘴 19SXBT0601 ② ：9

时代：民国

残长 4.3、厚 1 ～ 1.16 厘米

残。琉璃材质。直杆状，蘑菇头，烟袋身八棱形，中空，周身有土沁。白玉色，周身莹润。

222. 铜刷 19SXBH15 ：1

时代：清代

长 6.8、宽 0.4 ～ 1、毛刷宽 0.9 厘米

残。由铜杆和竹刷头两部分组成，竹坯剁成篾丝对折，其尾端用丝麻缠裹后插入铜杆之内。竹篾丝保存完好，铜杆身一头粗一头细，略破损，有大量铜锈。

223. 铜簪子 19SXBT0501 ④：5

时代：清代

长 11.5、宽 0.4 ～ 0.6、厚 0.2 厘米

锻造。扁长条形，顶端呈尖碑状，头部较宽，卷起。

224. 铜戒指 20SXB Ⅲ T0201 ①：55

时代：民国

直径 2.1、厚 0.15 ～ 0.2 厘米，重 2.3 克

锻造。锈蚀。圆形，粗细不均。

225. 铜戒指 20SXB Ⅲ T0201 ① ：54

时代：民国

长径 1.9 ～ 2.2 厘米，重 2.1 克

锻造。锈蚀。椭圆形，粗细不均，上方方形向下方
逐渐变细，下方断开。

226. 铜戒指 20SXB Ⅲ T0201 ① ：61

时代：清代

直径 1.9 厘米，重 1.6 克

锻造。锈蚀严重。环形，粗细不均匀，有文字，
仅可辨认"百顺"二字。

227. 铜顶针 19SXBT0602 ④：3

年代：清代

直径 1.6 厘米

残。锻造。中间有排列整齐的凹点，铜锈较多。

228. 铜顶针 19SXBT0603 ②：1

时代：民国

直径 1.9 厘米

残。锻造。环状，器表中间一排排列整齐的凹点，两侧有凹陷。锈蚀严重。

229. 铜元 20SXB Ⅲ T0101 ⑤：2

时代：清代

直径 3.2、厚 0.15 厘米，重 10.8 克

圆形无孔，正面中间有一珠圈内铸直读楷书"光绪元宝"，左右两侧铸有五瓣星花，上从右至左两侧铸有楷书"户""部"二字，上缘顺时针环铸满文"光绪元宝"，下缘顺时针环铸楷书"当制钱二十文"。背面中央铸有一蟠龙云纹，左右两侧铸有小花装饰，上缘顺时针环铸英文"HU POO"，下缘逆时针环铸"20 CASH"。

230. 铜元 19SXB Ⅲ T0102 ①：14

时代：民国

直径 2.6、厚 0.1 厘米，重 6.4 克

圆形无孔，正面中间是国民党党徽图案，上方环铸"中华民国二十六年"字样，背面中间饰古钱布币图案，两边铸币值"壹分"二字，正背两面沿边雕回形纹。

231. 铜元 19SXBC22 ① ： 1

时代：民国
直径 3.2、厚 0.18 厘米，重 11 克

圆形无孔，正面中间左面为十八星旗，右为五色旗，两面国旗相互交叉，上系结带，左右两侧有花卉纹，珠圈外上缘逆时针铸"中华铜币"，下缘顺时针铸"民国八年"。背面中间有币值"贰拾文"，左右两侧有嘉禾环绕，下系结带。

232. 铁权 19SXBT0102 ① ： 4

年代：清代
宽 4.5、高 6 厘米

铸造。葫芦形，上窄下宽，梯形纽有圆孔。锈蚀严重。

233. 铁秤砣 20SXB Ⅲ T0201 ① ： 51

时代：清代

长 6.1、高 6.5 厘米

铸造。方形，柱体，下大上小，四棱有凹槽，桥形纽有孔。锈蚀严重。

234. 骨簪 19SXBT0102 ⑧ ： 4

时代：清代

长 14.2、厚 0.4 厘米

磨制。圆锥状，素面，一端螺帽状，一端较尖。

235. 骨簪 19SXBT0201 ④：1

时代：清代

长 11.8、宽 0.1 ～ 0.5 厘米

磨制。圆锥状，一端螺帽状，一端较尖。

236. 骨簪 19SXBT0603 ②：2

时代：清代

长 15、宽 0.1 ～ 0.7、厚 0.35 ～ 0.4 厘米

磨制。细扁长锥状，簪头半圆状。

237. 骨簪 19SXBH124 ① : 2

时代：清代

长 10.8、宽 0.4 ～ 0.9、厚 0.15 ～ 0.3 厘米

残。磨制。呈扁平长锥状，头端有折叠痕迹。表面较光滑。

238. 骨刷子 19SXBZ1 蒸馏灶堆积① : 2

时代：清代

长 15.6、宽 0.7 ～ 1.2、厚 4 厘米

雕刻，打磨。整体呈圆角长条，柄头一端钻有圆孔，中部偏刷体处内凹，一端为刷头，正面为四排 13、14 个密集排列的圆形孔洞，背面有四条刻槽。

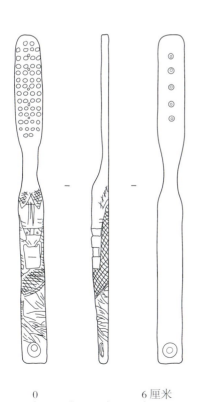

239. 龙纹骨刷子 19SXBT0301 ① : 8

时代：民国

长 17.3、刷头宽 1.5、刷柄宽 1.3、厚 0.4 ~ 0.9 厘米

打磨雕刻。扁平，刷柄扁平，柄头有穿孔，刷头并排有密集的毛孔，正中间有 5 个小穿孔，中间两排各 13 个，两侧各 12 个。柄身雕刻正面盘龙纹，整体比较粗犷，三角形龙角、圆眼、倒鼻、长口、菱形龙鳞、稀疏状龙尾。

0   6 厘米

240. 骨牌饰 19SXBF19 ：1

时代：清代

长 4.6、宽 2.1、厚 0.5 厘米

整体呈长方形，正面为四棱台状，正面上下刻有两道装饰线，四角分别刻有双道斜向装饰线，器身有两个圆孔，通体打磨光滑。

241. 贝饰 19SXBT0201 ③：9

时代：清代

残长 4.3、宽 1.3、厚 0.2 ～ 0.4 厘米

磨制。淡黄色。簪尾，扁平荷瓣形，窄端残断。残留部分可见清晰贝壳层理结构。

242. 棋牌（人物）19SXBT0102 ①：6

时代：清代

长 2.4、宽 1.9、厚 1.2 厘米

木质，古铜色。长方体，正面雕刻一着官服的文官，站立跨步侧身向前，头着插翎带翅官帽，五官比较凶悍，似钟馗。

243. 麻将牌（动物）19SXBT0102 ①：7

时代：民国

长 2.4、宽 1.7、厚 1.15 厘米

木质，雕刻，打磨，古黄铜色。正面刻有动物"猫"，数刀勾勒出猫的整体形态，古拙生动，动态十足，两耳竖立，胡须较长，猫尾上翘。刀功遒劲有力，猫的四肢刀纹处填充红色，猫身及尾巴填充绿色。

244. 麻将牌（二筒）20SXB Ⅲ T0101 ⑤：1

时代：清代

长 3、宽 2.2、厚 0.4 厘米

骨质。通体呈牙白色，两组相同圆形装饰线示意，背部有燕尾榫，底部制造打磨粗糙，骨质疏松痕迹明显。

245. 麻将牌（九筒）19SXBT0102 ①：8

时代：清代

长 2.3、宽 1.7、高 1.1 厘米

木质，古黄铜色，雕刻，打磨。长方体，一面雕刻九筒，"筒"字由三圈同心圆构成。

246. 麻将牌（冬）19SXBT0502 ①：4

时代：民国

长 1.9、宽 2.4、厚 1.2 厘米

木质，古铜色，雕刻，打磨。长方体，正面上刻有"冬"字样，下刻有花草纹。

247. 牌九 19SXBT1002 ①：2

时代：清代

长 3.3、宽 2、厚 1 厘米

骨质。象牙白色。长方形，一面有两列 10 个凹刻圆点，五五分开。

248. 牌九 19SXBT0201 ④：5

时代：清代

长 2.7、宽 1.8、厚 0.3 厘米

骨质。象牙白色。磨制。长方形，一面有两列
8 个凹刻圆点，圆点呈六二分开，温润。

249. 骨骰子 19SXBT0503 ④：3

时代：清代

边长 1 厘米

骨质。正方体，六面分别凿刻 1～6 个圆形
点数凹窝，八角被磨成圆弧状。

三　建筑构件

250. 鸱吻 19SXBT0502 ① ：14

时代：清代

残长 46、残宽 18、残高 34.8 厘米

残。灰陶建筑构件。龙首，张口，龙角后翘，龙睛外凸，鬃毛鬣鬣，龙鳞，短尾。端头（也称为头部）开有孔洞，以榫接的方式将鸱尾与正脊相接。

251. 鸱吻 19SXBT0502①：12

时代：清代

残长46、残宽18、残高34.8厘米

残。灰陶建筑构件，龙首、张口，鬃毛鬣鬣；鬃毛后侧站立梅花鹿，口部残，鹿角残，鹿睛外凸，周身有刻画梅花斑，屈肢站立于台上，台身刻画有太阳和"十"字样纹饰。端头（也称为头部）开有孔洞，以榫接的方式将鸱吻与正脊相接。

252. 鸱吻 19SXBT0502 ① : 13

时代：清代

残长 28、宽 10、高 16 厘米

残。灰陶建筑构件。龙形，残存上颚部分，上颚上翘。上部龙须残断，龙睛。周身有指纹印，有轮痕，有土沁。

253. 滴水 19SXB Ⅲ T0201 ① ：49

时代：清代

长 8.6、高 9.8、厚 2.3 厘米

残。灰陶兽纹滴水。高浮雕走狮纹，漏齿扬尾，鬃毛鬣鬣，项戴铃铛。狮子上方有三孔斜穿滴水，其上有浅浮雕四瓣花纹。灰色胎，较粗糙。

254. 滴水 19SXBH23③：1

时代：清代

长 12.8、宽 13.6、厚 1 厘米

残。正面有雕刻花草纹，呈扇形，波浪边，一段和长方形板瓦相连。内外有轮痕，有指窝印、指甲印。灰色胎，较致密。

255. 滴水 19SXBT0502①：9

时代：民国

长 10.8、高 8.75、厚 0.7 厘米

残。呈扇形，正面有雕刻花卉纹，波浪边。背部有密集布纹。灰色胎，较致密。

256. 滴水 19SXBT0601 ① ： 13

时代：民国

残高 10.6、残宽 13、厚 1.8 厘米

残。正面有雕刻对称花瓣纹，呈扇形，波浪边，
背部有指纹和划痕。青灰色胎，较致密。

257. 滴水 19SXBH17 ： 1

时代：清代

长 14.2、宽 9.2、厚 0.75 厘米

残。呈扇形，正面有雕刻山菊花纹，波浪边。
灰色胎，较致密。

258. 花纹砖 19SXBⅡTG2②：3

时代：清代

残长 25.5、宽 6.5、厚 3.5

模印。长方形。正面有雕刻花草纹饰，周身粘有白石灰。
灰色胎，较粗糙。

时代：清代

残长 14、宽 17、厚 3.5

模印。残。仅存二分之一，方形。正面有雕刻花草纹饰，
周身粘有白石灰。灰色胎，较粗糙。

259. 石建筑构件 19SXBT0502 ① ： 18

时代：清代

宽 36.5、厚 14.5、残高 38 厘米

应为立柱的残件，青石质。龙首，龙面部被凿破坏，仅存飘逸的龙须，龙角后翘。柱身上部一侧为八卦文和海水纹，另一侧仅是海水纹。

260. 抱鼓石 19SXBT0502 ① : 15

时代：清代

底座长 52.5、高 16.5、厚 11.2、石鼓直径 26.6、厚 11.8 厘米

青石质。圆形海窝，门槛槽，底座，包袱角，小鼓，荷叶，圆形鼓身，鼓面一面浅刻连枝荷花纹，底座两面是四处银锭纹，另一面素面无纹，鼓身有两排鼓钉。

0   15厘米

261. 石碑 19SXBT0502 ① ： 16

时代：清代

残长 86、宽 70、厚 17 厘米

残断。青石质。竖版，楷书，名为《创立广化
社由》。碑文四周用线刻长框刻字，碑心无边
框，残存 312 个字。

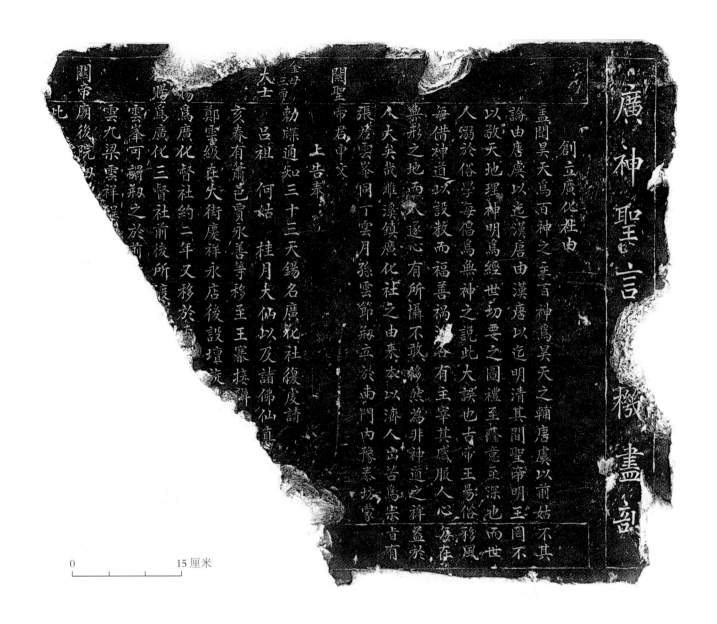

广神圣言□机尽剖

　　创立广化社由

盖闻昊天为百神之主，百神为昊天之辅，唐虞以前姑不其

论，由唐虞以迄汉唐，由汉唐以迄明清，其间圣帝明王罔不

以敬天地、理神明为经世，切要之图礼至隆意至深也。而世

人溺于俗学，每倡为无神之说，此大误也。古帝王易俗移风

每借神道以设教，而福善祸□，各有主宰，其感服人心，每在

无形之地，而人遂心有所摄不敢侈，然为非神道之裨益于

人大矣哉，濉溪镇广化社之由来，本以济人出苦为宗旨，有

张君云峰同丁云月、孙云节创立于南门内豫泰坊，蒙

关圣帝君申文

上告奉

金母、玉帝敕牒通知三十三天锡名广化社复虔请

大士、吕祖、何姑、桂月大仙以及诸佛仙真，

亥春，有萧邑贾永善等移至王寨接办

郑云级在大街庆祥永店后设坛，旋

□赐为广化督社，约二年又移于

敕赐为广化三督社，前后所渡

云峰可谓创之于前

云九梁云祥

关帝庙后院创

此

后 记

　　濉溪县长丰街酒坊群遗址位于北纬 30° 的中国白酒黄金带之中，也是属于淮河流域名酒产区。古代酿酒大致分为蒸馏酒和发酵酒，发酵酒出现比较早，可以追溯到新石器时代中期。出现于 7000 年前最早的仰韶文化尖底瓶是一种新型的酿酒容器，其结构设计有利于酿造发酵。商周以后，酒作为中国礼制重要组成部分，开始了尊享居庙堂之高的待遇，经过了汉魏时期榷酒市场的发展，到唐宋时期酒在民间更加广泛普及，才有了"举杯邀明月，对影成三人"的洒脱。尤其是在宋代，在官方酒业的刺激下，家户私酿酒尤为兴盛。出现了朱肱《北山酒经》和苏轼《东坡酒经》的专业酿酒记录，此二人一位在杭州开酒坊，一位在杭州任知州时进行酿酒实验。大家熟知的《水浒传》中景阳冈武松打虎是广为传颂的故事之一，武松"前后共吃了十八碗"。通过这些生动的场景可以感受到当时酒已经成为人们日常生活中不可或缺的饮品。

　　古代蒸馏酒在《本草纲目》有所记载："烧酒非古法也。自元时始创其法。"除文献记载之外，考古发掘的酒坊遗址自 1998 年成都水井街酿酒作坊遗址发掘之后，便陆续有所发现，如绵竹剑南春天益老号、射洪沱牌泰安作坊、江西进贤李渡酒坊等。考古发掘的酒坊实物资料丰富了古代酿酒作坊的历史文化内涵。濉溪长丰街酿酒作坊群遗址的发现更是扩展了古代酿酒的历史地理版图，是华东地区首次大规模的科学考古发掘。同时，该遗址入选 2019 年度全国十大考古新发现初评，也获得 2018 ～ 2019 年度安徽省十大考古新发现。

　　2023 年 8 月在整理国社科项目寿州窑遗址时，我邀请文物出版社编辑秦彧到现场考察，闲聊之余我谈到了计划出版濉溪长丰街酒坊群遗址出土文物精粹图录的想法。秦老师建议交给文物出版社出版，我欣然同意了。考虑到国家文物局出版专项经费批准需要统筹管理，随后 9 月份我便联系了安徽口子酒业股份有限公司的詹玉峰和王鹏两位领导，商讨濉溪长丰街酒坊群遗址资料的整理出版事宜，两位对酒坊遗址发掘到整理再到报告出版都比较关心。后我与王鹏直接对接出版的事情，王鹏先生也一直对文化事业比较热爱，在发掘期间就经常在一起聊古代酿酒历史文化。10 月中旬我邀请秦彧到濉溪洽谈，我、秦彧和王鹏三人商定了濉溪长丰街酒坊群遗址资料出版一本考古报告和一本图录，出版费用由安徽口子酒业股份有限公司全额出资赞助支持，这个事情算是初步定了下来。

　　后来，王鹏将主要精力放在濉溪酿酒遗址博物馆的建设和展示工作中，同时我这边也忙于基建考古项目濉溪种道口运河遗址的发掘工作，出版的事情暂时停了下来。但室内整理工作仍是利用阴雨天和发掘空档期断断续续在做，王鹏也时常向我了解报告和图录整理的进展情况。2024 年 6 月中旬我、王鹏和秦彧三人商定协议的具体内容和印刷数量，并于 9 月初签订了三方协议，这是社会资本支持中国古代传统文化遗产事业的很好案例,也是践行国家文物局《中国文物法》修订草案中的"鼓励和支持社会力量参与文物保护事业,明确国家健全社会参与机制,调动社会力量参与文化遗产保护的积极性,鼓励引导社会力量投入文化遗产保护"的具体实践。

本书出版前,我有幸邀请到曾参加"濉溪明清酿酒作坊遗址保护利用专家论证会"的贺云翱先生、高大伦先生和钱耀鹏先生为本书作序,三位先生均欣然应允。在此感谢三位先生对晚辈后学的帮助和支持,这是本书的荣耀,也为本书大添光彩!酒坊群遗址发掘结束后的第二年我便有幸跟随贺老师攻读博士学位,成为他的弟子,继续关注古代手工业遗产的保护与利用。

本书由陈超承担基础资料整理工作并具体负责编写。参与整理人员还有杨腾、李世浩、陈洪波、柴梦月、刘娇娇、杨欣等。

陈超完成了本书全部章节文字的撰写和图片排版,并完成统稿和校对工作。在书稿校对期间还邀请了李广宁先生、齐中和先生对出土器物年代进行了把关和校正。

本书在出版过程中得到安徽省文物考古研究所领导的支持,感谢淮北市博物馆提供整理场地,也非常感谢安徽口子酒业股份有限公司出资赞助本书出版。同时,安徽口子酒业股份有限公司徐进、詹玉峰、王鹏、余绍利、任浩然等,安徽省文物考古研究所叶润清所长、原宫希成副所长,淮北市文物局朱永德局长,淮北市博物馆胡均馆长,濉溪县文保中心李彬局长、张拥军副局长为本书出版提供了很多帮助!贺云翱、高大伦、钱耀鹏三位先生百忙之中赐序!李广宁、齐中和先生对书稿编写给予热情帮助,文物出版社摄影师张冰到现场拍摄文物,秦或编辑为本书筹划、出版付出了辛勤努力。在此均表示最诚挚的感谢!

最后说明一下,因整理的标本庞杂、数量大,笔者能力所限,书中考虑不周之处望广大读者包容与谅解。

陈　超

2024 年 10 月 18 日